新HSK 기출모의문제집 2급

지은이 박용호, 赵春秋, 李媚乐
펴낸이 임상진
펴낸곳 (주)넥서스

초판 1쇄 발행 2018년 5월 30일
초판 8쇄 발행 2025년 12월 26일

출판신고 1992년 4월 3일 제311-2002-2호
주소 10880 경기도 파주시 지목로 5
전화 (02)330-5500 팩스 (02)330-5555
ISBN 979-11-6165-149-1 13720

저자와 출판사의 허락 없이 내용의 일부를
인용하거나 발췌하는 것을 금합니다.
저자와의 협의에 따라서 인지는 붙이지 않습니다.

가격은 뒤표지에 있습니다.
잘못 만들어진 책은 구입처에서 바꾸어 드립니다.

www.nexusbook.com

HSK
기출모의
문제집

박용호 · 赵春秋 · 李媚乐 지음
한국중국어교육개발원 감수

2급

넥서스

여는 글

뒤돌아 보면 HSK 시험의 역사는 1984년 北京语言学院(현재의 북경어언대학)의 HSK 개발팀으로부터 시작됩니다. 1992년 12월 26일 중국국가교육위원회에서 HSK 시험을 국가급 시험으로 공포하고, 그 후 지속적인 연구 개발을 거쳐 초중등, 고등, 기초 시험의 구성이 최종 완성된 시점이 1997년이니, 이를 기준으로 삼는다면 만 20년이 훌쩍 지난 셈입니다.

필자의 중국어 공부 역사는 공교롭게도 HSK의 역사와 함께합니다. 1984년 대학에 입학하면서부터 본격적으로 중국어를 공부하기 시작했기 때문입니다. 초기에는 1~11급 체계로 치러지던 시험이 2009년 11월부터는 1~6급 체계의 新HSK로 바뀌어 현재까지 이어지고 있으며, 2010년대에 들어서는 지필 시험과 더불어 온라인 시험까지 시행되고 있는 것을 보면 HSK 시험도 시간의 흐름에 따라 많은 변화를 거듭하고 있는 것 같습니다.

초기에는 수십 명에 불과했던 응시생도 이제는 매년 20만에 육박하는 인원이 응시할 정도로 많이 늘었습니다. 국내 시험 주관 기관도 10여 개로 늘어났고, 시험 횟수도 19회(2018년 온라인 시험 기준) 실시될 정도로 많아졌습니다. 아직 HSK를 대체할 만한 시험이 없기 때문에, HSK는 중국어 능력을 테스트하는 공신력 있는 시험으로서 앞으로도 지속적인 성장이 예상됩니다.

2010년 필자가 소속된 〈한국중국어교육개발원〉에서는 국내 최초로 新HSK 1급부터 6급까지 전 과정을 아우르는 모의고사 문제집인 〈How to 新HSK 모의고사〉 시리즈 전 10권을 넥서스에서 출간한 바 있습니다. 그 후 여러 출판사에서 수많은 HSK 문제집이 출간되었습니다만, 책이 두꺼운 데 비하여 문제는 겨우 5회분 안팎으로 빈약한 경우가 대부분이었습니다. 불필요하게 자세한 해설보다 다양한 문제를 통한 실질적인 시험 준비를 희망하는 응시생 및

지도 교사들은 늘 불만이었습니다. 문제집 본연의 목적과 기능에 충실한 모의고사 문제집의 필요성, 그것이 이 시리즈를 새롭게 기획하게 된 이유였습니다. "아직 대한민국에는 문제집다운 모의고사 문제집이 없다. 응시생의 입장에서 문제집다운 문제집을 만들자!"라는 목적 의식에서 이 불친절한 문제집이 탄생하게 된 것입니다.

따라서 이 책은 자세한 해설이 없습니다. 그 대신 무려 15회 분량의 충분한 문제를 실었습니다. 이제 여러분은 자신의 현재 실력을 테스트할 수 있는 가장 경제적이고 효율적인, 진정한 의미의 모의고사 문제집을 만난 셈입니다. 문제 해석은 출판사 홈페이지에서 무료로 다운로드해서 참고할 수 있으니 금상첨화! 이제 이 한 권의 책이 여러분의 성공적인 삶의 동반자이자 중국 시장을 노크하는 새로운 도구로서 널리 활용되기를 기대합니다.

특히 2015년 개정 교육과정〈중학교 생활 중국어〉교과서의 어휘 범위가 250개 내외라는 것을 감안하면 HSK 1급(150개 어휘), HSK 2급(300개 어휘) 시험을 준비한다는 것은 초등학교와 중학교 과정을 아우르는 가장 훌륭한 학습 목표점이 될 것입니다. 본 교재가 학교의 방과 후 수업을 포함한 다양한 교육 현장에서 유용하게 쓰여지기를 기대합니다.

끝으로 최고의 팀인 赵春秋, 李媚乐 교수와 宋艳艳, 梁伟伟, 冯汪竹春, 刘泽爱, 王金丽 王菲菲, 宋美佳 선생님, 수고 많이 하셨습니다. 최고의 중국어 편집자인 넥서스의 권근희 팀장과 출간을 허락해 주신 신옥희 전무님께 감사를 드리며, 바쁜 학교 업무에도 흔쾌히 번역에 참여해 준 영덕중학교 김영주 선생님, 열정적으로 교정에 참여해 준 李梦娜 선생님께도 감사드립니다.

집필진 대표 박용호 드림

이 책의 활용법

모의고사 15회분 풀기
실제 시험을 치르는 것처럼 시간을 재면서 15회분의 문제를 풀어 봅니다. 듣기 문제를 풀 때는 무료 다운로드한 MP3를 들으며 풉니다. 부록에 수록된 답안지를 잘라서 답안 체크 훈련도 함께 합니다.

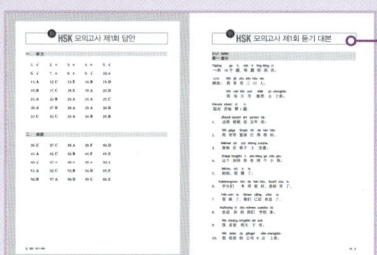

정답과 듣기 대본으로 채점하기
부록에 수록된 정답과 대조하여 자신의 점수를 확인합니다. 듣기 대본은 듣기 문제 정답을 확인할 때 참고합니다.

해석으로 복습하기
무료 다운로드한 문제 해석을 참고하여 틀린 문제를 꼼꼼히 분석하면서 완전히 자기 것으로 만듭니다.

MP3와 해석 다운받기

1 www.nexusbook.com에서 도서명으로 검색하면 MP3와 문제 해석을 다운받을 수 있습니다.

2 스마트폰으로 책 뒤표지의 **QR코드**를 찍으면 MP3를 바로 들을 수 있습니다.

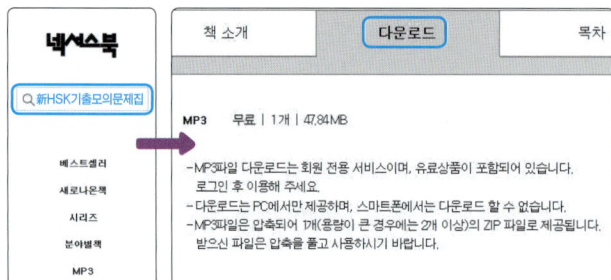

차례

여는 글	4	모의고사 6회	87
이 책의 활용법	6	모의고사 7회	101
新HSK란?	8	모의고사 8회	115
新HSK 2급 소개	10	모의고사 9회	129
		모의고사 10회	143
모의고사 1회	17	모의고사 11회	157
모의고사 2회	31	모의고사 12회	171
모의고사 3회	45	모의고사 13회	185
모의고사 4회	59	모의고사 14회	199
모의고사 5회	73	모의고사 15회	213

부록

정답·듣기 대본	2	답안지	122

新HSK란?

시험 소개
- HSK(汉语水平考试)는 중국 정부 기구인 '중국 국가 한판'이 중국 교육부령에 의거하여 출제·채점하고 성적표를 발급한다.
- HSK는 제1언어가 중국어가 아닌 사람의 중국어 능력을 평가하기 위해 만들어진 중국 정부 유일의 국제 중국어 능력 표준화 시험으로, 생활·학습·업무 등 실생활에서의 중국어 운용 능력을 중점적으로 평가하며, 현재 세계 112개 국가, 860개 지역에서 시행되고 있다.

시험 구성
- HSK는 'HSK 1급~6급' 시험과 'HSKK 초급·중급·고급 회화' 시험으로 나뉘어 시행되며, 각각 독립적으로 실시되므로 해당 등급에 대해 개별적으로 응시할 수 있다.
- HSK는 HSK 6급, HSK 5급, HSK 4급, HSK 3급과 중국어 입문자를 위한 HSK 2급, HSK 1급으로 각각 실시된다.

HSK(필기 시험)	HSKK(구술 시험)
HSK 6급	HSKK 고급
HSK 5급	
HSK 4급	HSKK 중급
HSK 3급	
HSK 2급	HSKK 초급
HSK 1급	

시험 방법
- HSK 지필 시험(纸笔考试) : 기존에 진행해 오던 시험 방식으로, 종이 시험지와 답안지를 사용하여 진행하는 시험
- HSK IBT 시험(网络考试) : 컴퓨터를 사용하여 진행하는 온라인 시험

시험 등급별 어휘량 및 수준

등급	어휘량	수준
HSK 6급	5,000개 이상	중국어 정보를 쉽게 알아듣고 읽을 수 있으며, 중국어로 구두 또는 서면의 형식으로 유창하고 적절하게 자신의 견해를 표현할 수 있다.
HSK 5급	2,500개	중국어 신문과 잡지를 읽을 수 있고, 중국어 영화 또는 TV프로그램을 감상할 수 있다. 또한 중국어로 비교적 완전한 연설을 할 수 있다.
HSK 4급	1,200개	광범위한 분야의 화제에 대해 중국어로 토론을 할 수 있으며, 비교적 유창하게 원어민과 대화하고 교류할 수 있다.
HSK 3급	600개	중국어로 일상생활, 학습, 업무 등 각 분야의 상황에서 기본적인 회화를 진행할 수 있다. 또한 중국 여행 시 겪게 되는 대부분의 상황들을 중국어로 대응할 수 있는 수준에 해당한다.
HSK 2급	300개	중국어로 간단하게 일상생활에서 일어나는 화제에 대해 이야기할 수 있으며, 초급 중국어의 상위 수준이라 할 수 있다.
HSK 1급	150개	매우 간단한 중국어 단어와 문장을 이해하고 사용할 수 있으며, 기초적인 일상 회화를 진행할 수 있다. 또한 다음 단계의 중국어 학습 능력을 갖추고 있다고 판단할 수 있다.

시험 용도
- 중국 대학(원) 입학·졸업 시 평가 기준
- 한국 대학(원) 입학·졸업 시 평가 기준
- 중국 정부 장학생 선발 기준
- 한국 특목고 입학 시 평가 기준
- 교양 중국어 학력 평가 기준
- 각급 업체 및 기관의 채용·승진을 위한 기준

시험 성적
- 시험일로부터 1개월 후 : 중국 고시센터 홈페이지(www.hanban.org)에서 개별 성적 조회 가능
- 시험일로부터 45일 후 : 개인 성적표 발송
    - 우편 수령 신청자의 경우, 등기우편으로 발송
    - 방문 수령 신청자의 경우, HSK한국사무국에 방문하여 수령
- HSK 성적은 시험일로부터 2년간 유효

新HSK 2급 소개

응시 대상
HSK 2급은 매주 2~3시간씩 2학기(80~120시간) 정도의 중국어를 학습하고, 300개의 상용 어휘와 관련 어법 지식을 마스터한 학습자를 대상으로 한다.

시험 내용
HSK 2급은 총 60문제로 듣기/독해 두 영역으로 나뉜다.

시험 내용		문항 수		시험 시간(분)
1. 듣 기	제1부분	10	35문항	약 25분
	제2부분	10		
	제3부분	10		
	제4부분	5		
듣기 영역의 답안지 작성 시간				3분
2. 독 해	제1부분	5	25문항	22분
	제2부분	5		
	제3부분	5		
	제4부분	10		
총 계	/	60문항		약 50분

*총 시험 시간은 약 55분이다.(응시자 개인 정보 작성 시간 5분 포함)

성적 결과
HSK 2급 성적표에는 듣기, 독해 두 영역의 점수와 총점이 기재된다.
각 영역별 만점은 100점 만점이며, 총점은 200점 만점이다. ※ 총점이 120점 이상이면 합격이다.

	만 점
듣 기	100
독 해	100
총 점	200

시험 유형

1. 听力(듣기)

第一部分

제1부분은 총 10문항이고, 모든 문제는 두 번씩 들려준다. 한 문장을 듣고 그 내용이 시험지에 주어진 그림과 일치하는지 판단하는 문제이다.

예

Wǒmen jiā yǒu sān ge rén.
我们 家 有 三 个 人。

✓

Wǒ měi tiān zuò gōnggòng qìchē qù shàngbān.
我 每 天 坐 公共 汽车 去 上班。

✗

第二部分

제2부분은 총 10문항이고, 모든 문제는 두 번씩 들려준다. 두 사람의 대화를 듣고, 보기의 그림 중에서 대화 내용과 일치하는 것을 찾는 문제이다.

예

Nǐ xǐhuan shénme yùndòng?
女: 你 喜欢 什么 运动?

Wǒ zuì xǐhuan tī zúqiú.
男: 我 最 喜欢 踢 足球。   D

第三部分

제3부분은 총 10문항이고, 모든 문제는 두 번씩 들려준다. 두 사람의 대화를 들려주고, 다른 사람이 대화와 관련된 질문을 한다. 시험지에 주어진 3개의 보기 중에서 질문의 답을 고르는 문제이다.

> **예**
>
> 男: Xiǎo Wáng, zhèlǐ yǒu jǐ ge bēizi, nǎge shì nǐ de?
> 　　小 王, 这里 有 几 个 杯子, 哪个 是 你 的?
>
> 女: Zuǒbian nàge hóngsè de shì wǒ de.
> 　　左边 那个 红色 的 是 我 的。
>
> 问: Xiǎo Wáng de bēizi shì shénme yánsè de?
> 　　小 王 的 杯子 是 什么 颜色 的?
>
> A 红色 hóngsè ✓　　B 黑色 hēisè　　C 白色 báisè

第四部分

제4부분은 총 5문항이고, 모든 문제는 두 번씩 들려준다. 4~5개의 문장으로 구성된 두 사람의 대화를 들려주고, 다른 사람이 대화와 관련된 질문을 한다. 시험지에 주어진 3개의 보기 중에서 질문의 답을 고르는 문제이다.

> **예**
>
> 女: Qǐng zài zhèr xiě nín de míngzi.
> 　　请 在 这儿 写 您 的 名字。
>
> 男: Shì zhèr ma?
> 　　是 这儿 吗?
>
> 女: Bú shì, shì zhèr.
> 　　不 是, 是 这儿。
>
> 男: Hǎo, xièxie.
> 　　好, 谢谢。
>
> 问: Nán de yào xiě shénme?
> 　　男 的 要 写 什么?
>
> A 名字 míngzi ✓　　B 时间 shíjiān　　C 房间 号 fángjiān hào

2. 阅读 (독해)

第一部分

제1부분은 총 5문항이고, 문제마다 하나의 문장이 주어진다. 보기의 그림 중에서 문장 내용과 일치하는 것을 찾는 문제이다.

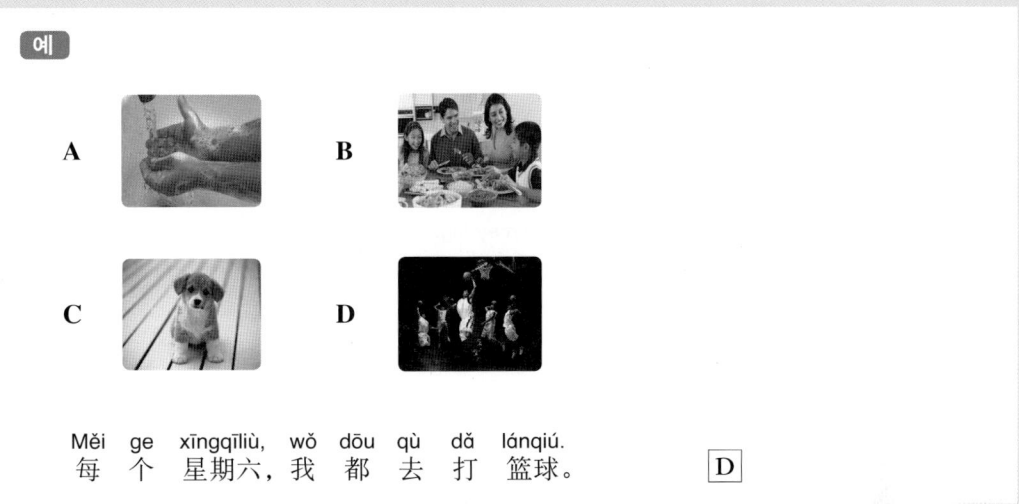

第二部分

제2부분은 총 5문항이다. 문제는 1~2개의 문장으로 구성되며, 문장 가운데에 빈칸이 하나 있다. 보기 중에서 빈칸에 들어갈 알맞은 단어를 골라 완전한 문장을 만드는 문제이다.

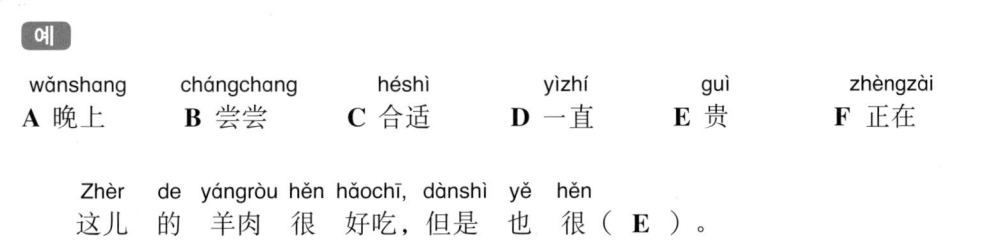

第三部分

제3부분은 총 5문항이고, 문제마다 2개의 문장이 주어진다. 첫 번째 문장을 읽고, 두 번째 문장이 첫 번째 문장과 일치하는지를 판단하는 문제이다.

> **예**
>
> Xiànzài shì 11 diǎn 30 fēn, tāmen yǐjīng yóule 20 fēnzhōng le.
> 现在 是 11 点 30 分，他们 已经 游了 20 分钟 了。
>
> Tāmen 11 diǎn 10 fēn kāishǐ yóuyǒng.
> ★ 他们 11 点 10 分 开始 游泳。　　　　　　(✓)
>
> Wǒ huì tiàowǔ, dàn tiào de bù zěnmeyàng.
> 我 会 跳舞，但 跳 得 不 怎么样。
>
> Wǒ tiào de fēicháng hǎo.
> ★ 我 跳 得 非常 好。　　　　　　　　　　(✗)

第四部分

제4부분은 총 10문항이고, 문제마다 하나의 문장이 주어진다. 보기 중에서 문제와 상응하는 문장을 고르는 문제이다.

> **예**
>
> Wǒ xià ge xīngqī kāishǐ xuéxí yóuyǒng.
> A 我 下 个 星期 开始 学习 游泳。
>
> Gùshi tài gǎnrén le, wǒ dōu kū le.
> B 故事 太 感人 了，我 都 哭 了。
>
> Tāmen zài bīnguǎn kàn fángjiān.
> C 他们 在 宾馆 看 房间。
>
> Wǒmen shì tóngsuì.
> D 我们 是 同岁。
>
> Tā zài nǎr ne? Nǐ kànjiàn tā le ma?
> E 他 在 哪儿 呢？你 看见 他 了 吗？
>
> Jīntiān tài wǎn le, yǐhòu yídìng qù nǐ nàr zuòzuo.
> F 今天 太 晚 了，以后 一定 去 你 那儿 坐坐。
>
> Tā hái zài jiàoshì li xuéxí.
> 他 还 在 教室 里 学习。　　　　　　　　　[E]

시험 진행 과정

1 시험이 시작되면, 감독관이 다음과 같이 말한다.

> 大家好！欢迎参加HSK(二级)考试。
> 여러분, 안녕하세요! HSK (2급) 시험에 참가하신 것을 환영합니다.

2 감독관은 응시생들에게 아래 사항에 대해 주의를 준다. (이때는 응시생의 모국어나 기타 유효한 방법을 사용할 수 있다.)
   (1) 휴대전화의 전원을 끈다.
   (2) 수험표와 신분증을 책상 우측 상단에 놓는다.

3 그 후, 감독관은 다음과 같이 말한다.

> 现在请大家填写答题卡。
> 지금부터 답안지를 작성해 주세요.

감독관은 응시생의 수험표를 참고하여(이때는 응시생의 모국어나 기타 유효한 방법을 사용할 수 있다.) 연필로 답안지에 이름과 국적, 수험 번호, 성별, 고사장 번호, 연령, 화교 여부, 중국어 학습 기간 등을 기재할 것을 지시한다. 화교 응시생이란 부모님 양쪽 혹은 한쪽이 중국인인 응시생을 가리킨다.

4 그 후, 감독관은 시험지를 배포한다.

5 시험지 배포 후, 감독관은 응시생들에게 시험지 표지에 기재된 주의 사항을 설명해 준다. (이때는 응시생의 모국어나 기타 유효한 방법을 사용할 수 있다.)

> 注　意
>
> 一、HSK(二级)分两部分：
>   1. 听力(35题，约25分钟)
>   2. 阅读(25题，22分钟)
> 二、听力结束后，有3分钟填写答题卡。
> 三、全部考试约55分钟(含考生填写个人信息时间5分钟)。

6 그 후, 감독관은 다음과 같이 말한다.

> 请打开试卷，现在开始听力考试。
> 시험지를 펴세요. 지금부터 듣기 시험을 시작하겠습니다.

감독관은 응시생들에게 시험지의 봉인을 열라고 말한다. (이때는 응시생의 모국어나 기타 유효한 방법을 사용할 수 있다.)

7 감독관은 듣기 녹음을 방송한다.

8 듣기 시험이 끝난 후, 감독관은 다음과 같이 말한다.

> 现在请把第1到35题的答案写在答题卡上，时间为3分钟。
> 지금부터 1번부터 35번까지의 답을 답안지에 기입해 주세요. 시간은 3분입니다.

감독관은 응시생들에게 답안을 답안지를 적으라고 알려 준다. (이때는 응시생의 모국어나 기타 유효한 방법을 사용할 수 있다.)

9 3분 후, 감독관은 다음과 같이 말한다.

> 现在开始阅读考试。考试时间为22分钟。
> 지금부터 독해 시험을 시작하겠습니다. 시험 시간은 22분입니다.

10 독해 시험이 5분 남았을 때, 감독관은 다음과 같이 말한다.

> 阅读考试时间还有5分钟。
> 독해 시험 시간이 5분 남았습니다.

11 독해 시험이 끝났을 때, 감독관은 다음과 같이 말한다.

> 现在请监考收回试卷和答题卡。
> 지금부터 시험지와 답안지를 걷어 주세요.

12 감독관은 시험지와 답안지를 점검한 후, 다음과 같이 말한다.

> 考试现在结束。谢谢大家！再见。
> 이것으로 시험을 마치겠습니다. 여러분, 감사합니다! 안녕히 가세요.

新汉语水平考试
HSK（二级）
模拟考试 1

注　意

一、　HSK（二级）分两部分：

　　1. 听力(35题，约25分钟)

　　2. 阅读(25题，22分钟)

二、　听力结束后，有3分钟填写答题卡。

三、　全部考试约55分钟(含考生填写个人信息时间5分钟)。

一、听力

第一部分

第1-10题

例如：		✓
		✗
1.		
2.		
3.		
4.		

5.		
6.		
7.		
8.		
9.		
10.		

第二部分

第11-15题

A		B
C		D
E		F

例如： 女： Nǐ xǐhuan shénme yùndòng?
你 喜欢 什么 运动？

男： Wǒ xǐhuan dǎ lánqiú.
我 喜欢 打 篮球。   F

11.

12.

13.

14.

15.

第16-20题

A
B
C
D
E

16. ☐
17. ☐
18. ☐
19. ☐
20. ☐

第三部分

第21-30题

例如： 男： Xiǎo Wáng, zhèlǐ yǒu jǐ jiàn yīfu, nǎ jiàn shì nǐ de?
　　　　　小 王, 这 里 有 几 件 衣 服, 哪 件 是 你 的?

　　　 女： Zuǒbian nà jiàn hóngsè de shì wǒ de.
　　　　　左 边 那 件 红 色 的 是 我 的。

　　　 问： Xiǎo Wáng de yīfu shì shénme yánsè de?
　　　　　小 王 的 衣 服 是 什 么 颜 色 的?

　　A hóngsè 红色 ✓　　　B hēisè 黑色　　　C báisè 白色

21. A yīn tiān 阴 天　　　B qíng tiān 晴 天　　　C yǔ tiān 雨 天

22. A jiā li 家 里　　　B fàndiàn 饭 店　　　C shāngdiàn 商 店

23. A biǎo màn 表 慢　　　B biǎo kuài 表 快　　　C méiyǒu biǎo 没 有 表

24. A dìdi 弟弟　　　B mèimei 妹妹　　　C jiějie 姐姐

25. A yuè rì 10 月 4 日　　　B yuè rì 10 月 14 日　　　C yuè rì 10 月 24 日

26. **A** 上课 shàngkè **B** 休息 xiūxi **C** 考试 kǎoshì

27. **A** 第一次 dì-yī cì **B** 第二次 dì-èr cì **C** 第三次 dì-sān cì

28. **A** 四块 sì kuài **B** 八块 bā kuài **C** 十六块 shíliù kuài

29. **A** 老师 lǎoshī **B** 学生 xuésheng **C** 医生 yīshēng

30. **A** 吃很多水果 chī hěn duō shuǐguǒ **B** 不吃水果 bù chī shuǐguǒ **C** 不学习 bù xuéxí

第四部分

第31-35题

例如：女： Qǐng zài zhèr xiě nín de diànhuà hàomǎ.
　　　　请 在 这儿 写 您 的 电话 号码。

　　　男： Shì zhèr ma?
　　　　是 这儿 吗？

　　　女： Bú shì, shì zhèr.
　　　　不 是，是 这儿。

　　　男： Hǎo, xièxie.
　　　　好，谢谢。

　　　问： Nán de yào xiě shénme?
　　　　男 的 要 写 什么？

　　A　diànhuà hàomǎ　电话 号码 ✓　　B　shíjiān　时间　　C　fángjiān hào　房间 号

31.　A　kāfēi 咖啡　　B　niúnǎi 牛奶　　C　hóngchá 红茶

32.　A　jiějie 姐姐　　B　jiějie de tóngxué 姐姐 的 同学　　C　jiějie de nán péngyou 姐姐 的 男 朋友

33.　A　85662312　　B　85662313　　C　85662314

34.　A　xīn mǎi de 新 买 的　　B　hěn guì 很 贵　　C　bú piàoliang 不 漂亮

35.　A　xiàwǔ liǎng diǎn 下午 两 点　　B　xiàwǔ sì diǎn 下午 四 点　　C　xiàwǔ liù diǎn 下午 六 点

二、阅读

第一部分

第36-40题

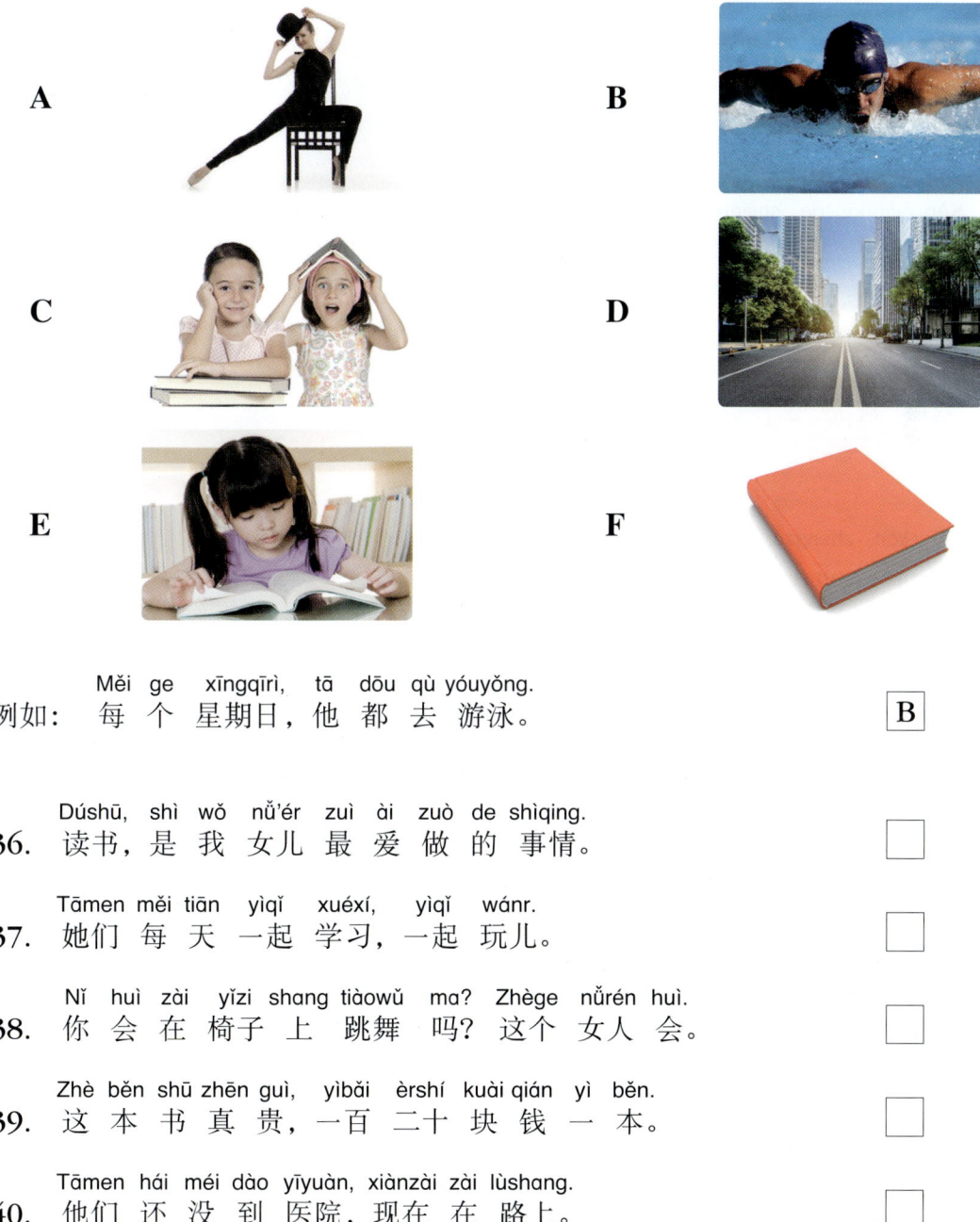

	Měi ge xīngqīrì, tā dōu qù yóuyǒng.	
例如：	每 个 星期日，他 都 去 游泳。	B

36. Dúshū, shì wǒ nǚ'ér zuì ài zuò de shìqing.
    读书，是 我 女儿 最 爱 做 的 事情。

37. Tāmen měi tiān yìqǐ xuéxí, yìqǐ wánr.
    她们 每 天 一起 学习，一起 玩儿。

38. Nǐ huì zài yǐzi shang tiàowǔ ma? Zhège nǚrén huì.
    你 会 在 椅子 上 跳舞 吗？这个 女人 会。

39. Zhè běn shū zhēn guì, yìbǎi èrshí kuài qián yì běn.
    这 本 书 真 贵，一百 二十 块 钱 一 本。

40. Tāmen hái méi dào yīyuàn, xiànzài zài lùshang.
    他们 还 没 到 医院，现在 在 路上。

第二部分

第41-45题

A 对 duì　　B 多 duō　　C 也 yě　　D 便宜 piányi　　E 告诉 gàosu　　F 鱼 yú

例如：这儿 的 菜 很 好吃，也 很（ D ）。

41. 看 电脑 的 时间 长 了，（　　）眼睛 不 好。

42. 衣服 洗完 了，饭（　　）做完 了。

43. 你 看，正在 说话 的 那个 女孩儿（　　）好看！

44. 吃了 米饭 和（　　），我 还 想 吃 点儿 西瓜。

45. 你 不要（　　）他 我 在 你 这儿。

第三部分

第46-50题

例如：
Xiànzài shì 11 diǎn 30 fēn, wǒmen kàn diànshì yǐjīng kànle 20 fēnzhōng le.
现在 是 11 点 30 分，我们 看 电视 已经 看了 20 分钟 了。

Tāmen 11 diǎn 10 fēn kāishǐ kàn diànshì de.
★ 他们 11 点 10 分 开始 看 电视 的。　　　　（ ✓ ）

Tā huì chàng gē, dànshì chàng de bù zěnmeyàng.
他 会 唱 歌，但是 唱 得 不 怎么样。

Tā chàng de fēicháng hǎo.
★ 他 唱 得 非常 好。　　　　　　　　　　　　（ ✗ ）

---

46. Zhège shíjiān, tā yǐjīng xiàbān le, yǒu shénme shìqing, nǐ míngtiān lái ba.
这个 时间，他 已经 下班 了，有 什么 事情，你 明天 来 吧。

Shíjiān hěn wǎn le.
★ 时间 很 晚 了。　　　　　　　　　　　　　（ 　 ）

47. Yì jiā yí ge háizi tài shǎo le, hěn duō fūqī xiǎng yào dì-èr ge háizi.
一 家 一 个 孩子 太 少 了，很 多 夫妻 想 要 第二 个 孩子。

Dànshì, Xiǎo Wáng juéde yào liǎng ge háizi tài lèi le.
但是，小 王 觉得 要 两 个 孩子 太 累 了。

Xiǎo Wáng xiǎng yào liǎng ge háizi.
★ 小 王 想 要 两 个 孩子。　　　　　　　　　（ 　 ）

48. Zhège shǒujī mǎile sān nián le, wǒ zhǔnbèi zài mǎi yí ge. Dànshì, wǒ xǐhuan
这个 手机 买了 三 年 了，我 准备 再 买 一 个。但是，我 喜欢
de shǒujī dōu hěn guì.
的 手机 都 很 贵。

Tā de shǒujī hěn xīn.
★ 他 的 手机 很 新。　　　　　　　　　　　　（ 　 ）

49. 那个 自行车 是 一 个 朋友 送 我 的。他 要 出国 了，很 多 东西 都 送 朋友 了。

★ 自行车 我 送 朋友 了。　　　　　　　　（　　）

50. 从 这儿 向 前 走，左边 是 一 个 游泳馆，右边 是 一 个 学校，书店 就 在 学校 旁边。

★ 书店 离 学校 很 近。　　　　　　　　　（　　）

第四部分

第51-55题

A 　Shì ma? Wǒ zěnme méi tīngjiàn?
　　是 吗？我 怎么 没 听见？

B 　Cóng wǒ jiā dào huǒchēzhàn fēicháng jìn, wǒ zǒuzhe qù, nǐ bié lái le.
　　从 我 家 到 火车站 非常 近，我 走着 去，你 别 来 了。

C 　Wǒmen qù zuótiān de nàge xiǎo fàndiàn chī fàn, hǎo ma?
　　我们 去 昨天 的 那个 小 饭店 吃 饭，好 吗？

D 　Zhèxiē cài, yígòng sānshíwǔ kuài.
　　这些 菜，一共 三十五 块。

E 　Wéi, tā yǐjīng dào jiā le, nǐ zěnme hái méi huílái?
　　喂，他 已经 到 家 了，你 怎么 还 没 回来？

F 　Zhāng xiānsheng zài jiā ma?
　　张 先生 在 家 吗？

例如： Zài, tā zài fángjiān li kàn shū.
　　　在，他 在 房间 里 看 书。　　　　　　　[F]

51. Kuài qù kāimén, yǒu rén lái le.
　　 快 去 开门，有 人 来 了。　　　　　　　[ ]

52. Wǒ yǐjīng chīwán wǔfàn le.
　　 我 已经 吃完 午饭 了。　　　　　　　　[ ]

53. Míngtiān wǒ kāichē sòng nǐ qù huǒchēzhàn ba.
　　 明天 我 开车 送 你 去 火车站 吧。　　　[ ]

54. Gěi nǐ yìbǎi kuài, wǒ méiyǒu língqián.
　　 给 你 一百 块，我 没有 零钱。　　　　　[ ]

55. Wǒ zài jīchǎng děng tā ne, tā shìbushì shuōcuò shíjiān le?
　　 我 在 机场 等 他 呢，他 是不是 说错 时间 了？[ ]

第56-60题：

A Xiǎojiě, zhèr yǒu rén ma? Wǒ kěyǐ zuò zhèr ma?
   小姐，这儿有人吗？我可以坐这儿吗？

B Jièshào yíxiàr, zhè shì wǒ qīzi.
   介绍一下儿，这是我妻子。

C Wǒ bǐ tā gāo yìdiǎnr.
   我比他高一点儿。

D Nǐ bāngzhù wǒ hěn duō cì le, zhēn shì tài xièxie nǐ le.
   你帮助我很多次了，真是太谢谢你了。

E Chūzūchē bù duō, wǒmen zǎo diǎnr chūmén ba.
   出租车不多，我们早点儿出门吧。

56. Nǐ hǎo! hěn zǎo jiù xiǎng rènshi nín le. Jiàndào nín hěn gāoxìng!
    你好！很早就想认识您了。见到您很高兴！

57. Duìbuqǐ, zhèlǐ yǒu rén.
    对不起，这里有人。

58. Bú kèqi.
    不客气。

59. Nǐmen liǎng ge shéi gāo?
    你们两个谁高？

60. Hǎo, lùshang yào yí ge xiǎoshí, wǒmen liù diǎn zǒu ba.
    好，路上要一个小时，我们六点走吧。

新汉语水平考试
HSK（二级）
模拟考试 2

注 意

一、 HSK（二级）分两部分：

　　1. 听力(35题，约25分钟)

　　2. 阅读(25题，22分钟)

二、 听力结束后，有3分钟填写答题卡。

三、 全部考试约55分钟(含考生填写个人信息时间5分钟)。

一、听力

第一部分

第1-10题

例如：		✓
		×
1.		
2.		
3.		
4.		

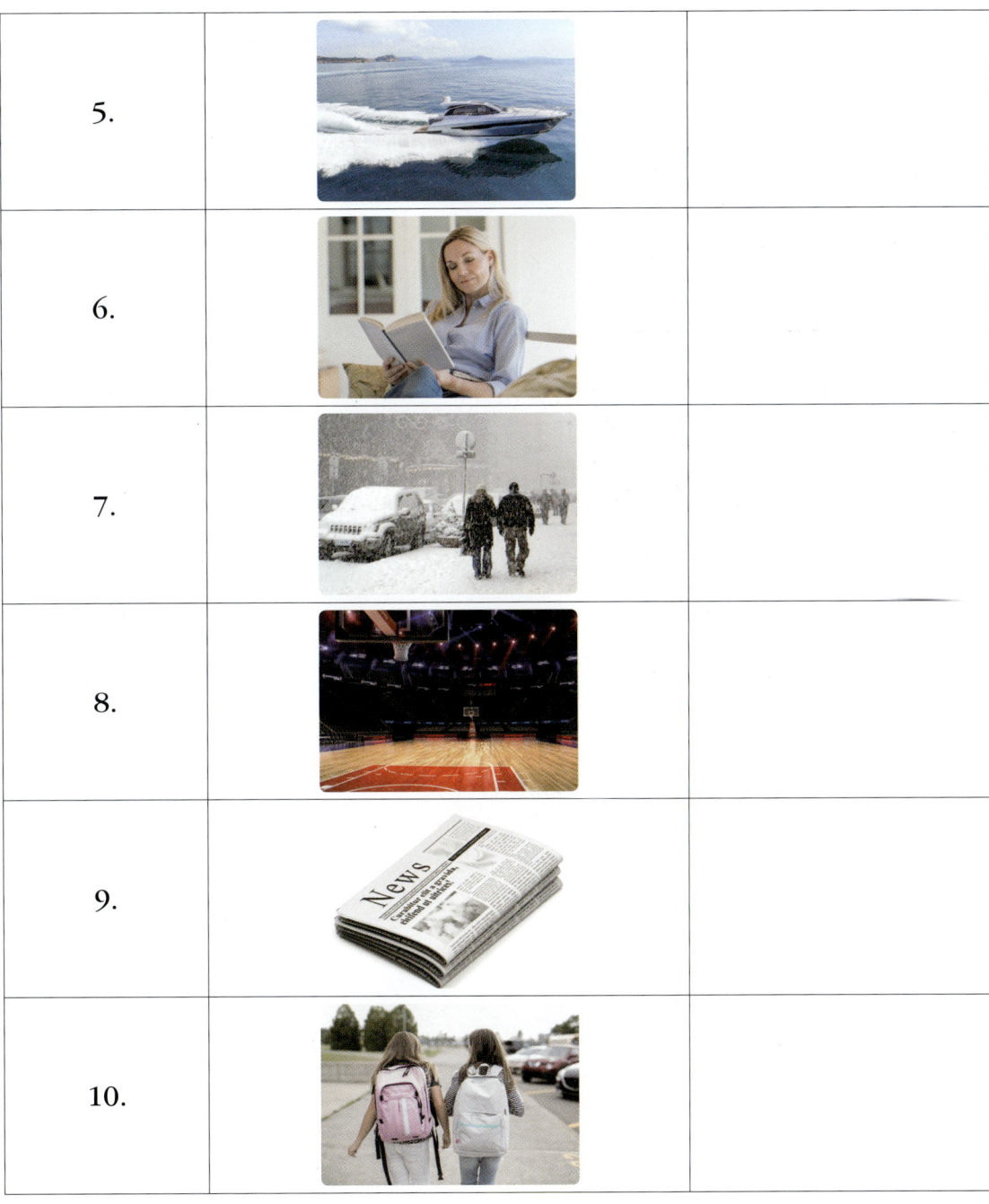

第二部分

第11-15题

A [玫瑰花]

B [鱼]

C [电影屏幕]

D [羊排]

E [唱歌]

F [篮球]

例如： 女： Nǐ xǐhuan shénme yùndòng?
你 喜欢 什么 运动？

男： Wǒ xǐhuan dǎ lánqiú.
我 喜欢 打 篮球。 F

11.

12.

13.

14.

15.

第16-20题

A
B
C
D
E

16. ☐
17. ☐
18. ☐
19. ☐
20. ☐

第三部分

第21-30题

例如：
男： Xiǎo Wáng, zhèlǐ yǒu jǐ jiàn yīfu, nǎ jiàn shì nǐ de?
　　小 王， 这里 有 几 件 衣服， 哪 件 是 你 的？

女： Zuǒbian nà jiàn hóngsè de shì wǒ de.
　　左边 那 件 红色 的 是 我 的。

问： Xiǎo Wáng de yīfu shì shénme yánsè de?
　　小 王 的 衣服 是 什么 颜色 的？

　　A 红色 hóngsè ✓　　B 黑色 hēisè　　C 白色 báisè

21. A 看 电影 kàn diànyǐng　　B 旅游 lǚyóu　　C 吃 饭 chī fàn

22. A 床 上 chuáng shang　　B 桌子 上 zhuōzi shang　　C 电视 上 diànshì shang

23. A 8点 diǎn　　B 9点 diǎn　　C 10点 diǎn

24. A 1128　　B 1125　　C 1123

25. A 牛奶 niúnǎi　　B 鸡蛋 jīdàn　　C 苹果 píngguǒ

26. **A** tā shēngbìng le 他 生病 了   **B** tā bàba shēngbìng le 他 爸爸 生病 了   **C** bù xiǎng shàngxué 不 想 上学

27. **A** yì nián 一 年   **B** liǎng nián 两 年   **C** sān nián 三 年

28. **A** Xiǎo Zhāng 小 张   **B** mèimei 妹妹   **C** jiějie 姐姐

29. **A** yóuyǒng 游泳   **B** kàn shū 看 书   **C** pǎobù 跑步

30. **A** shāngdiàn 商店   **B** fàndiàn 饭店   **C** yīyuàn 医院

第四部分

第31-35题

例如： 女： Qǐng zài zhèr xiě nín de míngzi.
请 在 这儿 写 您 的 名字。

男： Shì zhèr ma?
是 这儿 吗？

女： Bú shì, shì zhèr.
不 是，是 这儿。

男： Hǎo, xièxie.
好，谢谢。

问： Nán de yào xiě shénme?
男 的 要 写 什么？

A míngzi 名字 ✓ 　　B shíjiān 时间 　　C fángjiān hào 房间 号

31. A báisè 白色 　　B hóngsè 红色 　　C hēisè 黑色

32. A xuéxiào li 学校 里 　　B jiā li 家 里 　　C yīyuàn li 医院 里

33. A yuè rì 11月 8日 　　B yuè rì 12月 8日 　　C yuè rì 12月 11日

34. A zhǔnbèi kǎoshì 准备 考试 　　B chàng gē 唱 歌 　　C xǐ yīfu 洗 衣服

35. A kuài 5块 　　B kuài 10块 　　C kuài 20块

二、阅读

第一部分

第36-40题

A		B	
C		D	
E		F	

例如： Měi ge xīngqīrì, tā dōu qù yóuyǒng.
每 个 星期日，他 都 去 游泳。   B

36. Tiānqì hǎo de shíhou tā dōu qù pǎobù.
天气 好 的 时候 他 都 去 跑步。

37. Míngnián wǒ zuò fēijī qù lǚyóu.
明年 我 坐 飞机 去 旅游。

38. Gōngzuòle yì tiān, tā juéde yǒuxiē lèi.
工作 了 一 天，他 觉得 有些 累。

39. Tāmen xǐhuan zài yìqǐ wánr.
她们 喜欢 在 一起 玩儿。

40. Xīngqīliù, wǒ hé māma yìqǐ xǐ yīfu.
星期六，我 和 妈妈 一起 洗 衣服。

第二部分

第41-45题

A 穿 chuān　　B 对 duì　　C 近 jìn　　D 便宜 piányi　　E 睡觉 shuìjiào　　F 打 dǎ

例如：这儿 的 菜 很 好吃，也 很（ D ）。

41. 早上 喝 牛奶（　　）身体 很 好。

42. 天气 很 热，别（　　）太 多。

43. 我 每 天 走路 上学，因为 学校 离 家 很（　　）。

44. 我 想 和 你（　　）篮球，好 吗?

45. 已经 晚上 10 点 多 了，快 去（　　）吧。

第三部分

第46-50题

例如：
Xiànzài shì diǎn fēn, wǒmen kàn diànshì yǐjīng kànle fēnzhōng le.
现在 是 11点 30分，我们 看 电视 已经 看了 20 分钟 了。

Tāmen diǎn fēn kāishǐ kàn diànshì de.
★ 他们 11点 10分 开始 看 电视 的。 （ ✓ ）

Tā huì chàng gē, dànshì chàng de bù zěnmeyàng.
他 会 唱 歌，但是 唱 得 不 怎么样。

Tā chàng de fēicháng hǎo.
★ 他 唱 得 非常 好。 （ ✗ ）

46. Gēge hěn gāo, dìdi bù gāo.
哥哥 很 高，弟弟 不 高。

Dìdi bǐ gēge gāo.
★ 弟弟 比 哥哥 高。 （   ）

47. Jīntiān gōnggòngqìchē shang de rén hěn duō, suǒyǐ wǒ zuò chūzūchē shàngbān
今天 公共汽车 上 的 人 很 多，所以 我 坐 出租车 上班
qù le.
去 了。

Wǒ jīntiān zuò gōnggòngqìchē shàngbān.
★ 我 今天 坐 公共汽车 上班。 （   ）

48. Zhège xīngqī wǒ tài máng le, xià ge xīngqī wǒmen yìqǐ qù kàn diànyǐng,
这个 星期 我 太 忙 了，下 个 星期 我们 一起 去 看 电影，
zěnmeyàng?
怎么样？

Zhège xīngqī wǒmen yìqǐ qù kàn diànyǐng le.
★ 这个 星期 我们 一起 去 看 电影 了。 （   ）

49. Dǎ lánqiú zhēn yǒu yìsi, míngtiān xiàwǔ wǒ hái xiǎng qù dǎ lánqiú.
打 篮球 真 有 意思，明天 下午 我 还 想 去 打 篮球。

   ★ Wǒ xǐhuan dǎ lánqiú.
   ★ 我 喜欢 打 篮球。　　　　　　　　　　　　　　（　　）

50. Jiā li yǒu bàba、māma、dìdi hé wǒ. Wǒ méiyǒu jiějie hé mèimei.
家 里 有 爸爸、妈妈、弟弟 和 我。我 没有 姐姐 和 妹妹。

   ★ Jiā li yǒu sì ge rén.
   ★ 家 里 有 四 个 人。　　　　　　　　　　　　　（　　）

第四部分

第51-55题

A 这家饭店的菜都很好吃。

B 我觉得这件衣服我穿不好看。

C 今天天气怎么样?

D 鸡蛋多少钱一斤?

E 对不起,我来晚了。

F 张先生在家吗?

例如:在,他在房间里看书。　　**F**

51. 不是!我觉得你穿非常漂亮! □

52. 很好,是个晴天。 □

53. 4块钱一斤。 □

54. 所以来这里吃饭的人很多。 □

55. 没关系,还没开始上课呢。 □

第56-60题：

A　Wǒ kěyǐ hé nǐ yìqǐ kàn zhè běn shū ma?
　　我 可以 和 你 一起 看 这 本 书 吗？

B　Míngtiān jiù yào kǎoshì le.
　　明天 就 要 考试 了。

C　Wǒ gěi nǐ dǎle hǎo jǐ ge diànhuà, nǐ zài máng shénme ne?
　　我 给 你 打了 好 几 个 电话，你 在 忙 什么 呢？

D　Nǐ juéde Zhōngguó zěnmeyàng?
　　你 觉得 中国 怎么样？

E　Wǒ zhèlǐ yǒu chá hé niúnǎi, nǐ xiǎng hē shénme?
　　我 这里 有 茶 和 牛奶，你 想 喝 什么？

56.　Wǒ juéde Zhōngguó hěn dà, yě hěn yǒu yìsi.
　　　我 觉得 中国 很 大，也 很 有 意思。　□

57.　Kěyǐ, méi wèntí!
　　　可以，没 问题！　□

58.　Wǒmen kǎowán shì yìqǐ qù wánr ba!
　　　我们 考完 试 一起 去 玩儿 吧！　□

59.　Wǒ qù tī zúqiú le, shǒujī zài jiā li ne!
　　　我 去 踢 足球 了，手机 在 家 里 呢！　□

60.　Wǒ dōu bù xiǎng hē, yǒu kāfēi ma?
　　　我 都 不 想 喝，有 咖啡 吗？　□

新汉语水平考试
HSK（二级）
模拟考试 3

注 意

一、 HSK（二级）分两部分：

　　1. 听力(35题，约25分钟)

　　2. 阅读(25题，22分钟)

二、 听力结束后，有3分钟填写答题卡。

三、 全部考试约55分钟(含考生填写个人信息时间5分钟)。

一、听力
第一部分

第1-10题

例如：	(家庭图片)	✓
	(公交车图片)	×
1.	(草莓图片)	
2.	(海边奔跑图片)	
3.	(面条图片)	
4.	(花束图片)	

第二部分

第11-15题

例如：女：Nǐ xǐhuan shénme yùndòng?
　　　　你 喜欢 什么 运动？
　　　男：Wǒ xǐhuan dǎ lánqiú.
　　　　我 喜欢 打 篮球。　　　F

11.

12.

13.

14.

15.

第16-20题

A

B

C

D

E

16. ☐

17. ☐

18. ☐

19. ☐

20. ☐

第三部分

第21-30题

例如：
男： Xiǎo Wáng, zhèlǐ yǒu jǐ jiàn yīfu, nǎ jiàn shì nǐ de?
　　 小 王，这里 有 几 件 衣服，哪 件 是 你 的？

女： Zuǒbian nà jiàn hóngsè de shì wǒ de.
　　 左边 那 件 红色 的 是 我 的。

问： Xiǎo Wáng de yīfu shì shénme yánsè de?
　　 小 王 的 衣服 是 什么 颜色 的？

　　 hóngsè　　　　　　　　hēisè　　　　　　　　báisè
　A 红色 ✓　　　　　　B 黑色　　　　　　　C 白色

21.　 chá　　　　　　　　　kāfēi　　　　　　　　shuǐ
　A 茶　　　　　　　　B 咖啡　　　　　　　C 水

22.　 yí ge xiǎoshí　　　　liǎng ge xiǎoshí　　　sān ge xiǎoshí
　A 一 个 小时　　　　B 两 个 小时　　　　C 三 个 小时

23.　 qī diǎn　　　　　　　bā diǎn　　　　　　　jiǔ diǎn
　A 七 点　　　　　　　B 八 点　　　　　　　C 九 点

24.　 qí zìxíngchē　　　　　zuò chē　　　　　　　kāichē
　A 骑 自行车　　　　　B 坐 车　　　　　　　C 开车

25.　 yì tiān　　　　　　　sì tiān　　　　　　　yí ge xīngqī
　A 一 天　　　　　　　B 四 天　　　　　　　C 一 个 星期

26. A 上午（shàngwǔ） B 中午（zhōngwǔ） C 下午（xiàwǔ）

27. A 阴（yīn） B 晴（qíng） C 下雨（xià yǔ）

28. A 8 岁（suì） B 10 岁（suì） C 12 岁（suì）

29. A 火车站的前面（huǒchēzhàn de qiánmiàn） B 火车站的后面（huǒchēzhàn de hòumiàn） C 火车站的左边（huǒchēzhàn de zuǒbian）

30. A 饭馆（fànguǎn） B 游泳馆（yóuyǒngguǎn） C 商店（shāngdiàn）

第四部分

第31-35题

例如：
女： Qǐng zài zhèr xiě nín de míngzi.
　　请 在 这儿 写 您 的 名字。

男： Shì zhèr ma?
　　是 这儿 吗？

女： Bú shì, shì zhèr.
　　不 是，是 这儿。

男： Hǎo, xièxie.
　　好，谢谢。

问： Nán de yào xiě shénme?
　　男 的 要 写 什么？

A 名字 míngzi ✓　　B 时间 shíjiān　　C 房间 号 fángjiān hào

31. A 太 便宜 了 tài piányi le　　B 太 贵 了 tài guì le　　C 不 喜欢 bù xǐhuan

32. A 衣服 yīfu　　B 手表 shǒubiǎo　　C 书 shū

33. A 一 天 yì tiān　　B 一 个 星期 yí ge xīngqī　　C 两 个 星期 liǎng ge xīngqī

34. A 走路 zǒulù　　B 坐 出租车 zuò chūzūchē　　C 坐 公共汽车 zuò gōnggòngqìchē

35. A 今天 的 jīntiān de　　B 明天 的 míngtiān de　　C 后天 的 hòutiān de

二、阅读

第一部分

第36-40题

A		B	
C		D	
E		F	

例如： Měi ge xīngqīrì, tā dōu qù yóuyǒng.
每 个 星期日，他 都 去 游泳。   B

36. Xuéxiào pángbiān yǒu ge fànguǎn, cài zuò de hěn hǎochī.
学校 旁边 有 个 饭馆，菜 做 得 很 好吃。

37. Wǒ de fángjiān bú shì hěn dà, dànshì lǐmiàn yǒu hěn duō shū.
我 的 房间 不 是 很 大，但是 里面 有 很 多 书。

38. Zhuōzi shang de bàozhǐ shì wǒ xīn mǎi de.
桌子 上 的 报纸 是 我 新 买 的。

39. Néng bāngzhù biérén, wǒ juéde hěn kuàilè.
能 帮助 别人，我 觉得 很 快乐。

40. Wǒ gěi tóngxué dǎ diànhuà, wèn míngtiān shàngbushàng kè.
我 给 同学 打 电话，问 明天 上不上 课。

第二部分

第41-45题

A 也	B 着	C 已经	D 便宜	E 回答	F 可能

例如：这儿的菜很好吃，也很（ D ）。

41. 上午天有些阴，下午（ ）会下雨。

42. 上课的时候，老师叫我（ ）问题。

43. 妹妹喜欢唱歌，（ ）喜欢跳舞。

44. 今天晚上的电影票（ ）卖完了。

45. 我回来的时候，孩子们正看（ ）电视呢。

第三部分

第46-50题

例如：
Xiànzài shì diǎn fēn, wǒmen kàn diànshì yǐjīng kànle fēnzhōng le.
现在 是 11 点 30 分，我们 看 电视 已经 看了 20 分钟 了。

Tāmen diǎn fēn kāishǐ kàn diànshì de.
★ 他们 11 点 10 分 开始 看 电视 的。　　　　　　　（ ✓ ）

Tā huì chàng gē, dànshì chàng de bù zěnmeyàng.
他 会 唱 歌，但是 唱 得 不 怎么样。

Tā chàng de fēicháng hǎo.
★ 他 唱 得 非常 好。　　　　　　　　　　　　　　（ ✗ ）

46. Tā zhǔnbèi qù Zhōngguó xuéxí Hànyǔ, dànshì, tā xiǎng xiān gōngzuò liǎng nián.
她 准备 去 中国 学习 汉语，但是，她 想 先 工作 两 年。

Tā liǎng nián yǐhòu qù Zhōngguó.
★ 她 两 年 以后 去 中国。　　　　　　　　　　　（ 　 ）

47. Wǒ měi tiān zǎoshang qī diǎn sìshí cóng jiā zǒu, bā diǎn èrshí dào xuéxiào.
我 每天 早上 七点 四十 从 家 走，八 点 二十 到 学校。

Wǒ měi tiān shàngxué yào zǒu èrshí fēnzhōng de lù.
★ 我 每天 上学 要 走 二十 分钟 的 路。　　　　　（ 　 ）

48. Cóng xià ge yuè kāishǐ, yóuyǒngguǎn báitiān huì kāimén, wǎnshang yě huì kāimén.
从 下 个 月 开始，游泳馆 白天 会 开门，晚上 也 会 开门。

Xià ge yuè, yóuyǒngguǎn báitiān hé wǎnshang dōu kāimén.
★ 下 个 月，游泳馆 白天 和 晚上 都 开门。　　　（ 　 ）

49. 因为 妈妈 洗了 一 天 的 衣服，所以 她 很 早 就 睡 了。

★ 妈妈 今天 很 累。 （　　）

50. 他 觉得 在 学校 旁边 开 饭店 比 开 水果店 好 一些。

★ 他 觉得 开 水果店 好 一些。 （　　）

第四部分

第51-55题

A 你去看老张了吗?
Nǐ qù kàn Lǎo Zhāng le ma?

B 这件衣服太大,有没有小一些的?
Zhè jiàn yīfu tài dà, yǒuméiyǒu xiǎo yìxiē de?

C 时间不早了,快睡觉吧!
Shíjiān bù zǎo le, kuài shuìjiào ba!

D 快!公共汽车要开了!
Kuài! Gōnggòngqìchē yào kāi le!

E 你穿得真多,你很冷吗?
Nǐ chuān de zhēn duō, nǐ hěn lěng ma?

F 张先生在家吗?
Zhāng xiānsheng zài jiā ma?

例如:在,他在房间里看书。 [F]
Zài, tā zài fángjiān li kàn shū.

51. 好,我现在就睡觉。
Hǎo, wǒ xiànzài jiù shuìjiào.

52. 这个月太忙了,下个月再去看他吧!
Zhège yuè tài máng le, xià ge yuè zài qù kàn tā ba!

53. 是的。我觉得很冷,可能是生病了。
Shì de. Wǒ juéde hěn lěng, kěnéng shì shēngbìng le.

54. 让它走吧。我们可以等下一个。
Ràng tā zǒu ba. Wǒmen kěyǐ děng xià yí ge.

55. 对不起,小号的已经卖完了。
Duìbuqǐ, xiǎo hào de yǐjīng màiwán le.

第56-60题：

A　Huānyíng nǐ lái wǒ jiā, kuài jìnlái ba.
　　欢迎你来我家，快进来吧。

B　Zhè běn shū wǒ kànbudǒng. Nǐ ne?
　　这本书我看不懂。你呢？

C　Nǐ qù shāngdiàn ma? Bāng wǒ mǎi xiē píngguǒ ba.
　　你去商店吗？帮我买些苹果吧。

D　Nǐ juéde Zhōngguó zěnmeyàng?
　　你觉得中国怎么样？

E　Tā wèi shénme xiào le?
　　他为什么笑了？

56. Wǒ yě shì, zhè běn shū jièshào de dōngxi tài duō le!
　　我也是，这本书介绍的东西太多了！　□

57. Wǒ qù nàr lǚyóuguo, juéde nàr hěn búcuò!
　　我去那儿旅游过，觉得那儿很不错！　□

58. Yīnwèi tā juéde nǐ shuō de huà hěn yǒu yìsi.
　　因为他觉得你说的话很有意思。　□

59. Méi wèntí! Wǒ xǐwán yīfu jiù qù shāngdiàn.
　　没问题！我洗完衣服就去商店。　□

60. Hǎo de, xièxie! Nǐ jiā zhēn dà, zhēn piàoliang!
　　好的，谢谢！你家真大，真漂亮！　□

新汉语水平考试
HSK（二级）
模拟考试 4

注　意

一、　HSK（二级）分两部分：

　　1. 听力(35题，约25分钟)

　　2. 阅读(25题，22分钟)

二、　听力结束后，有3分钟填写答题卡。

三、　全部考试约55分钟(含考生填写个人信息时间5分钟)。

一、听力
第一部分

第1-10题

例如：	(family image)	✓
	(bus image)	✗
1.		
2.		
3.		
4.		

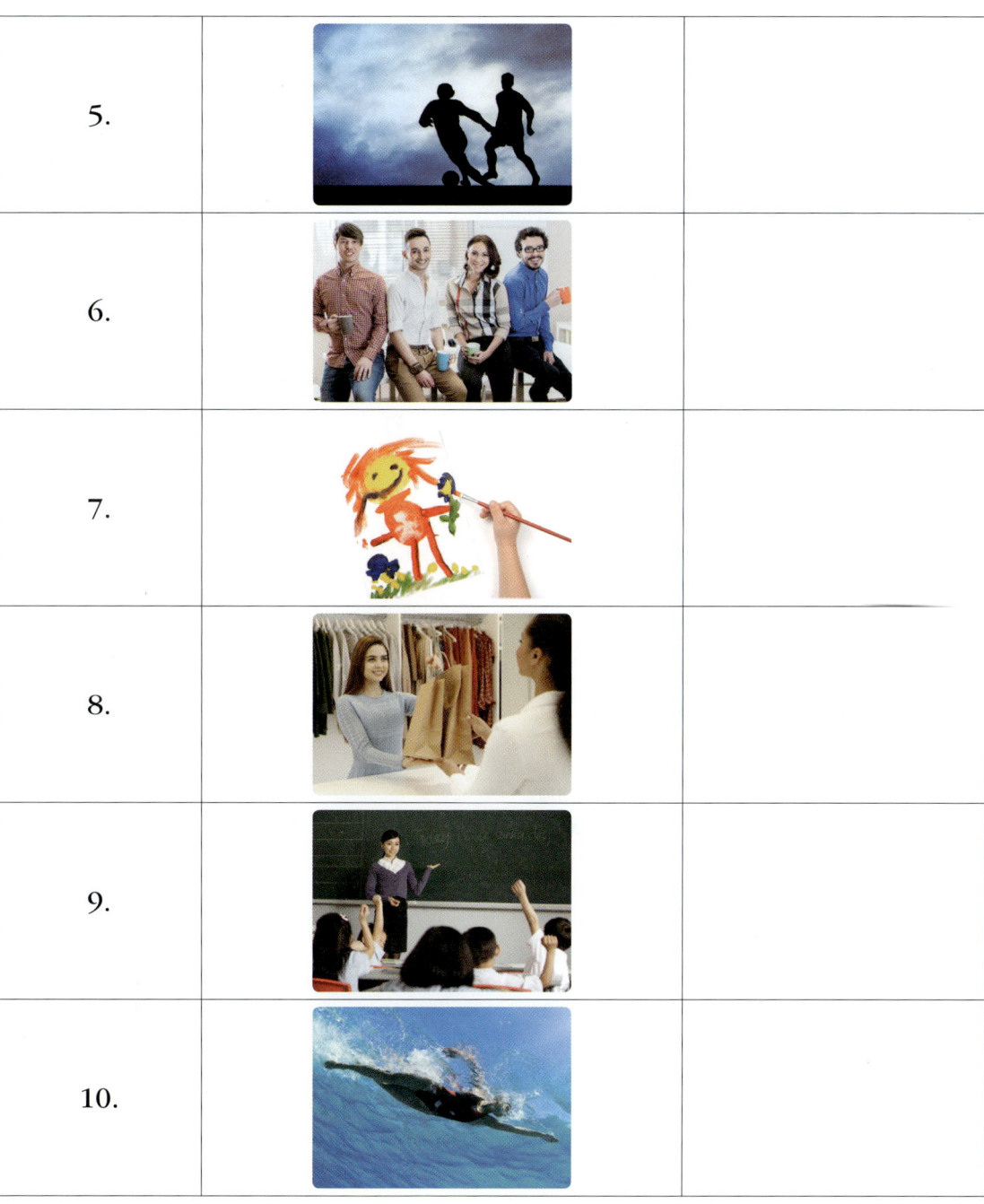

第二部分

第11-15题

A
B
C
D
E
F

例如： 女： Nǐ xǐhuan shénme yùndòng?
　　　　 你 喜欢 什么 运动？

　　　 男： Wǒ xǐhuan dǎ lánqiú.
　　　　 我 喜欢 打 篮球。   F

11.

12.

13.

14.

15.

第16-20题

A

B

C

D

E

16. ☐

17. ☐

18. ☐

19. ☐

20. ☐

第三部分

第21-30题

例如：
男：
Xiǎo Wáng, zhèlǐ yǒu jǐ jiàn yīfu, nǎ jiàn shì nǐ de?
小 王，这里 有 几 件 衣服，哪 件 是 你 的？

女：
Zuǒbian nà jiàn hóngsè de shì wǒ de.
左边 那 件 红色 的 是 我 的。

问：
Xiǎo Wáng de yīfu shì shénme yánsè de?
小 王 的 衣服 是 什么 颜色 的？

    hóngsè   hēisè   báisè
  A 红色 ✓   B 黑色   C 白色

    jiàoshì   fànguǎn   gōngsī
21. A 教室   B 饭馆   C 公司

    qiánnián   qùnián   jīnnián
22. A 前年   B 去年   C 今年

    chī fàn   mǎi shuǐguǒ   hē kāfēi
23. A 吃 饭   B 买 水果   C 喝 咖啡

    zǒulù   zuò fēijī   zuò chūzūchē
24. A 走路   B 坐 飞机   C 坐 出租车

    tā hěn rè   tā hěn máng   tā hěn lèi
25. A 他 很 热   B 他 很 忙   C 他 很 累

26. A 星期五 (xīngqīwǔ)	B 星期六 (xīngqīliù)	C 星期日 (xīngqīrì)
27. A 玩电脑 (wán diànnǎo)	B 读书 (dúshū)	C 看电影 (kàn diànyǐng)
28. A 两元 (liǎng yuán)	B 五元 (wǔ yuán)	C 七元 (qī yuán)
29. A 衣服 (yīfu)	B 自行车 (zìxíngchē)	C 手机 (shǒujī)
30. A 李老师的 (Lǐ lǎoshī de)	B 张老师的 (Zhāng lǎoshī de)	C 王老师的 (Wáng lǎoshī de)

第四部分

第31-35题

例如：
女： Qǐng zài zhèr xiě nín de míngzi.
　　 请 在 这儿 写 您 的 名字。

男： Shì zhèr ma?
　　 是 这儿 吗？

女： Bú shì, shì zhèr.
　　 不 是，是 这儿。

男： Hǎo, xièxie.
　　 好，谢谢。

问： Nán de yào xiě shénme?
　　 男 的 要 写 什么？

A 名字 míngzi ✓   B 时间 shíjiān   C 房间号 fángjiān hào

31. A 五分钟 wǔ fēnzhōng   B 十五分钟 shíwǔ fēnzhōng   C 二十五分钟 èrshíwǔ fēnzhōng

32. A 吃药 chī yào   B 多喝水 duō hē shuǐ   C 多睡觉 duō shuìjiào

33. A 学校 xuéxiào   B 医院 yīyuàn   C 饭店 fàndiàn

34. A 玩电脑 wán diànnǎo   B 关电脑 guān diànnǎo   C 跑步 pǎobù

35. A 王先生 Wáng xiānsheng   B 王老师 Wáng lǎoshī   C 王小姐 Wáng xiǎojiě

二、阅读

第一部分

第36-40题

A.
B.
C.
D.
E.
F.

例如：Měi ge xīngqīrì, tā dōu qù yóuyǒng.
每 个 星期日，他 都 去 游泳。 **B**

36. Wǒ hé Xiǎolì shì tóngxué, wǒmen zài yìqǐ fēicháng kuàilè.
我 和 小丽 是 同学，我们 在 一起 非常 快乐。

37. Wǒ de hǎo péngyou Lǐ xiānsheng shì kāi chūzūchē de.
我 的 好 朋友 李 先生 是 开 出租车 的。

38. Tā qīzi de yǎnjing zhēn shì tài piàoliang le!
他 妻子 的 眼睛 真 是 太 漂亮 了！

39. Yīn tiān de shíhou, wǒ bù xiǎng qǐchuáng.
阴 天 的 时候，我 不 想 起床。

40. Yīnwèi nàge cài tài hǎochī le, suǒyǐ wǒ xīwàng zài chī yí cì.
因为 那个 菜 太 好吃 了，所以 我 希望 再 吃 一 次。

第二部分

第41-45题

A 叫 (jiào)　　B 正在 (zhèngzài)　　C 爱 (ài)　　D 便宜 (piányi)　　E 找 (zhǎo)　　F 等一等 (děngyiděng)

例如：这儿的菜很好吃，也很（ D ）。

41. 先生，这是您的米饭，您点的菜请再（　　）。

42. 我（　　）王小明，是学生。

43. 你爱不（　　）旅游？

44. 他们（　　）吃鱼呢。

45. 你（　　）到新买的杯子了吗？

第三部分

第46-50题

例如：
Xiànzài shì 11 diǎn 30 fēn, wǒmen kàn diànshì yǐjīng kànle 20 fēnzhōng le.
现在 是 11 点 30 分，我们 看 电视 已经 看了 20 分钟 了。

Tāmen 11 diǎn 10 fēn kāishǐ kàn diànshì de.
★ 他们 11 点 10 分 开始 看 电视 的。　　　　　　（ ✓ ）

Tā huì chàng gē, dànshì chàng de bù zěnmeyàng.
他 会 唱 歌，但是 唱 得 不 怎么样。

Tā chàng de fēicháng hǎo.
★ 他 唱 得 非常 好。　　　　　　　　　　　　　（ ✗ ）

46. Jīntiān, tā shēntǐ bù hǎo, suǒyǐ zuò shìqing zuò de hěn màn.
今天，她 身体 不 好，所以 做 事情 做 得 很 慢。

Tā shēngbìng le.
★ 她 生病 了。　　　　　　　　　　　　　　　　（　 ）

47. Wǒ hé tā dōu hěn máng, suǒyǐ hěn shǎo zài yìqǐ.
我 和 她 都 很 忙，所以 很 少 在 一起。

Wǒ hé tā tiāntiān zài yìqǐ.
★ 我 和 她 天天 在 一起。　　　　　　　　　　　（　 ）

48. Tā kàn shū yǐjīng kànle liǎng ge xiǎoshí le, hái yào zài kàn yí ge xiǎoshí.
他 看 书 已经 看了 两 个 小时 了，还 要 再 看 一 个 小时。

Tā yào kàn sì ge xiǎoshí de shū.
★ 他 要 看 四 个 小时 的 书。　　　　　　　　　（　 ）

49. 快，公共汽车 要 开 了。我们 要 快 点儿 走。

　　★ 公共汽车 还 没 开。　　　　　　　　　（　　）

50. 小明，不要 再 说话 了，上课 了。

　　★ 小明 正在 说话。　　　　　　　　　　（　　）

第四部分

第51-55题

A 桌子 前面 有 什么？

B 我们 认识 一下，好 吗？

C 很 冷，因为 下 雪 了。

D 请 进。

E 真 的 吗？我 也 喜欢。

F 张 先生 在 家 吗？

例如： 在，他 在 房间 里 看 书。　　F

51. 外面 冷 吗？

52. 我 喜欢 吃 羊肉。

53. 好，我 的 名字 是 小明。

54. 桌子 前面 有 一 个 椅子。

55. 你 在 工作 吗？我 可以 进来 吗？

第56-60题：

A　　Tā yǐjīng zài Zhōngguó xuéxí shí ge yuè le.
　　　他 已经 在 中国 学习 十 个 月 了。

B　　Tā měi tiān qǐchuáng hěn zǎo.
　　　她 每 天 起床 很 早。

C　　Chīwán wǔfàn, jiù kāishǐ gōngzuò le.
　　　吃完 午饭，就 开始 工作 了。

D　　Nǐ de diànhuà shì duōshao?
　　　你 的 电话 是 多少？

E　　Gěi nǐ yí ge ba.
　　　给 你 一 个 吧。

56.　Wǒ de diànhuà shì
　　　我 的 电话 是 24556666。　　　□

57.　Suǒyǐ, tā měi tiān shàngxué yě hěn zǎo.
　　　所以，她 每 天 上学 也 很 早。　　　□

58.　Xiǎomíng hěn ài xué Hànyǔ.
　　　小明 很 爱 学 汉语。　　　□

59.　Wǒ wǔfàn chīle jīdàn hé ròu.
　　　我 午饭 吃了 鸡蛋 和 肉。　　　□

60.　Wǒ zhèr yǒu liǎng ge píngguǒ.
　　　我 这儿 有 两 个 苹果。　　　□

新汉语水平考试
HSK（二级）
模拟考试 5

注　意

一、　HSK（二级）分两部分：

　　1. 听力(35题，约25分钟)

　　2. 阅读(25题，22分钟)

二、　听力结束后，有3分钟填写答题卡。

三、　全部考试约55分钟(含考生填写个人信息时间5分钟)。

一、听力
第一部分

第1-10题

例如：	(家庭图)	✓
	(公交车图)	✗
1.		
2.		
3.		
4.		

第二部分

第11-15题

A
B
C
D
E
F

例如： 女： Nǐ xǐhuan shénme yùndòng?
你 喜欢 什么 运动？

男： Wǒ xǐhuan dǎ lánqiú.
我 喜欢 打 篮球。   F

11.

12.

13.

14.

15.

第16-20题

A

B

C

D

E

16. □

17. □

18. □

19. □

20. □

第三部分

第21-30题

例如： 男： Xiǎo Wáng, zhèlǐ yǒu jǐ jiàn yīfu, nǎ jiàn shì nǐ de?
小 王，这里 有 几 件 衣服，哪 件 是 你 的？

女： Zuǒbian nà jiàn hóngsè de shì wǒ de.
左边 那 件 红色 的 是 我 的。

问： Xiǎo Wáng de yīfu shì shénme yánsè de?
小 王 的 衣服 是 什么 颜色 的？

   hóngsè   hēisè   báisè
  A 红色 ✓ B 黑色 C 白色

21. yì bēi   liǎng bēi   sān bēi
  A 一 杯 B 两 杯 C 三 杯

22. wán diànnǎo kàn diànshì kàn diànyǐng
  A 玩 电脑 B 看 电视 C 看 电影

23. xuéxiào   jiā   gōngsī
  A 学校 B 家 C 公司

24. chēpiào   shǒujī   yào
  A 车票 B 手机 C 药

25. xīn de shǒujī dì-yī ge shǒujī guì de shǒujī
  A 新 的 手机 B 第一 个 手机 C 贵 的 手机

26. A $\underset{\text{xuéxiào pángbiān}}{学校\ 旁边}$　　B $\underset{\text{huǒchēzhàn pángbiān}}{火车站\ 旁边}$　　C $\underset{\text{jiā pángbiān}}{家\ 旁边}$

27. A $\underset{\text{zuò chuán}}{坐\ 船}$　　B $\underset{\text{zuò huǒchē}}{坐\ 火车}$　　C $\underset{\text{zuò fēijī}}{坐\ 飞机}$

28. A $\underset{\text{yì gōngjīn}}{一\ 公斤}$　　B $\underset{\text{sì gōngjīn}}{四\ 公斤}$　　C $\underset{\text{wǔ gōngjīn}}{五\ 公斤}$

29. A $\underset{\text{hěn máng}}{很\ 忙}$　　B $\underset{\text{shēngbìng le}}{生病\ 了}$　　C $\underset{\text{hěn lèi}}{很\ 累}$

30. A 9136442　　B 9786442　　C 9736442

第四部分

第31-35题

例如： 女： Qǐng zài zhèr xiě nín de míngzi.
　　　　请 在 这儿 写 您 的 名字。

　　　 男： Shì zhèr ma?
　　　　是 这儿 吗？

　　　 女： Bú shì, shì zhèr.
　　　　不 是，是 这儿。

　　　 男： Hǎo, xièxie.
　　　　好，谢谢。

　　　 问： Nán de yào xiě shénme?
　　　　男 的 要 写 什么？

　　　 A míngzi 名字 ✓　　B shíjiān 时间　　C fángjiān hào 房间 号

31. A 50 yuán 元　　B 500 yuán 元　　C 1000 yuán 元

32. A qī diǎn 七 点　　B bā diǎn 八 点　　C jiǔ diǎn 九 点

33. A yú 鱼　　B yángròu 羊肉　　C miàntiáo 面条

34. A hē niúnǎi 喝 牛奶　　B shàngbān 上班　　C qǐchuáng 起床

35. A xiàmiàn de fángjiān 下面 的 房间　　B shàngmiàn de fángjiān 上面 的 房间　　C zuǒbian de fángjiān 左边 的 房间

二、阅读

第一部分

第36-40题

A

B

C

D

E

F

例如：Měi ge xīngqīrì, tā dōu qù yóuyǒng.
每 个 星期日，他 都 去 游泳。　　**B**

36. Měi tiān zǎoshang, Xiǎo Lǐ dōu zuò gōnggòngqìchē qù shàngbān.
每 天 早上，小 李 都 坐 公共汽车 去 上班。

37. Dìdi shì ge xǐhuan kàn shū de háizi.
弟弟 是 个 喜欢 看 书 的 孩子。

38. Jīntiān shì Xiǎolì de shēngrì, māma sònggěi tā yí kuài shǒubiǎo.
今天 是 小丽 的 生日，妈妈 送给 她 一 块 手表。

39. Wàimiàn zhèng xiàzhe xuě, tiānqì hěn lěng.
外面 正 下着 雪，天气 很 冷。

40. Xiǎo Zhāng yǒu yí jiàn hóngsè de yīfu, zhēn shì tài piàoliang le.
小 张 有 一 件 红色 的 衣服，真 是 太 漂亮 了。

第二部分

第41-45题

	lǚyóu		zhǔnbèi		guo		piányi		yě		kěnéng
A	旅游	B	准备	C	过	D	便宜	E	也	F	可能

例如：这儿 的 菜 很 好吃，也 很 （ D ）。

41. 他 对 我 很 好，帮助（　）我 很 多 次。

42. 她 喜欢 听 歌，（　）喜欢 跳舞。

43. 今天 阴天，（　）要 下 雪 了。

44. 来 北京（　）的 人 很 多，因为 北京 很 漂亮。

45. 今天 我 不 去 游泳 了，我 想 在 家 里（　）考试。

第三部分

第46-50题

例如：
现在是11点30分，我们看电视已经看了20分钟了。
★ 他们11点10分开始看电视的。　　　　　　（ ✓ ）

他会唱歌，但是唱得不怎么样。
★ 他唱得非常好。　　　　　　（ ✗ ）

46. 中午他打电话的时候，我还没起床。
★ 我很早就起床了。　　　　　　（　）

47. 火车要开了，他们怎么还不上车？
★ 他们已经上车了。　　　　　　（　）

48. 妈妈身体不好，她去医院了。
★ 妈妈生病了。　　　　　　（　）

49. Xiǎo Zhāng xiǎngle hěn cháng shíjiān, háishi bù dǒng zhège wèntí.
小 张 想了 很 长 时间， 还是 不 懂 这个 问题。

　　Xiǎo Zhāng juéde zhège wèntí hěn nán.
★ 小 张 觉得 这个 问题 很 难。　　　　　（　　）

50. Nǚ'ér, míngtiān kěnéng xià xuě, wǒmen bié qù lǚyóu le. Děng xià ge xīngqī
女儿，明天 可能 下 雪，我们 别 去 旅游 了。等 下 个 星期
zài qù ba.
再 去 吧。

　　Yīnwèi tiānqì bù hǎo, tāmen bù xiǎng míngtiān qù lǚyóu.
★ 因为 天气 不 好，他们 不 想 明天 去 旅游。　（　　）

第四部分

第51-55题

A 快考试了，这几天我在准备考试。

B 来了。上课的时候，小王坐在我的左边。

C 你为什么不买西瓜呢？

D 已经好多了，谢谢你。

E 看看我写的字，你觉得怎么样？

F 张先生在家吗？

例如：在，他在房间里看书。　　F

51. 你的字写得真漂亮。

52. 因为今天商店的苹果比西瓜便宜。

53. 小王今天来上课了吗？

54. 小张，你这几天忙什么呢？

55. 你现在身体好些了吗？

第56-60题：

A Jīntiān wǎnshang wǒmen yìqǐ qù kàn diànyǐng ba!
今天 晚上 我们 一起 去 看 电影 吧！

B Zhèxiē yīfu, nǐ xǐhuan nǎ yí jiàn?
这些 衣服，你 喜欢 哪 一 件？

C Wǒ zhēn de hěn xǐhuan zhè kuài shǒubiǎo, nǐ shì zài nǎlǐ mǎi de?
我 真 的 很 喜欢 这 块 手表，你 是 在 哪里 买 的？

D Duìbuqǐ, wǒmen zhèlǐ méiyǒu niúnǎi.
对不起，我们 这里 没有 牛奶。

E Tā de qīzi jīntiān shēngbìng le.
他 的 妻子 今天 生病 了。

56. Fúwùyuán, wǒ xiǎng yào yì bēi niúnǎi.
服务员，我 想 要 一 杯 牛奶。　　□

57. Wǒ shì zài xuéxiào pángbiān de xiǎo shāngdiàn mǎi de.
我 是 在 学校 旁边 的 小 商店 买 的。　　□

58. Wèi shénme tā jīntiān bù lái shàngbān?
为 什么 他 今天 不 来 上班？　　□

59. Wǒ zuì xǐhuan nà jiàn dà yìdiǎnr de.
我 最 喜欢 那 件 大 一点儿 的。　　□

60. Duìbuqǐ, wǒ xiǎng hé péngyoumen qù yóuyǒng.
对不起，我 想 和 朋友们 去 游泳。　　□

新汉语水平考试
HSK（二级）
模拟考试 6

注　意

一、　HSK（二级）分两部分：

　　1. 听力(35题，约25分钟)

　　2. 阅读(25题，22分钟)

二、　听力结束后，有3分钟填写答题卡。

三、　全部考试约55分钟(含考生填写个人信息时间5分钟)。

一、听力

第一部分

第1-10题

例如：	(图：家庭)	✓
	(图：公共汽车)	✗
1.	(图：火车)	
2.	(图：跑步)	
3.	(图：轮船)	
4.	(图：手机)	

5.		
6.		
7.		
8.		
9.		
10.		

第二部分

第11-15题

A
B
C
D
E
F

例如： 女： Nǐ xǐhuan shénme yùndòng?
你 喜欢 什么 运动？

男： Wǒ xǐhuan dǎ lánqiú.
我 喜欢 打 篮球。　　　　F

11.

12.

13.

14.

15.

第16-20题

A
B
C
D
E

16. ☐
17. ☐
18. ☐
19. ☐
20. ☐

第三部分

第21-30题

例如： 男： Xiǎo Wáng, zhèlǐ yǒu jǐ jiàn yīfu, nǎ jiàn shì nǐ de?
　　　　 小 王，这里 有 几 件 衣服，哪 件 是 你 的？

　　　 女： Zuǒbian nà jiàn hóngsè de shì wǒ de.
　　　　 左边 那 件 红色 的 是 我 的。

　　　 问： Xiǎo Wáng de yīfu shì shénme yánsè de?
　　　　 小 王 的 衣服 是 什么 颜色 的？

　　　　A hóngsè 红色 ✓　　　B hēisè 黑色　　　C báisè 白色

21.　A 17 suì 岁　　　B 20 suì 岁　　　C 23 suì 岁

22.　A hēisè 黑色　　　B hóngsè 红色　　　C báisè 白色

23.　A tā māma 她 妈妈　　　B tā péngyou 她 朋友　　　C tā māma de péngyou 她 妈妈 的 朋友

24　A hěn dà 很 大　　　B hěn xiǎo 很 小　　　C hěn xīn 很 新

25.　A miàntiáo 面条　　　B yángròu 羊肉　　　C yú 鱼

26.	A 很热 hěn rè	B 阴天 yīn tiān	C 非常冷 fēicháng lěng
27.	A 太忙了 tài máng le	B 不太忙 bú tài máng	C 不忙 bù máng
28.	A 7点 diǎn	B 8点 diǎn	C 9点 diǎn
29.	A 15块 kuài	B 15.6块 kuài	C 16块 kuài
30.	A 看电影 kàn diànyǐng	B 看电脑 kàn diànnǎo	C 看电视 kàn diànshì

第四部分

第31-35题

例如：
女： Qǐng zài zhèr xiě nín de míngzi.
      请 在 这儿 写 您 的 名字。

男： Shì zhèr ma?
      是 这儿 吗?

女： Bú shì, shì zhèr.
      不 是，是 这儿。

男： Hǎo, xièxie.
      好，谢谢。

问： Nán de yào xiě shénme?
      男 的 要 写 什么?

    A 名字 míngzi ✓   B 时间 shíjiān   C 房间 号 fángjiān hào

31. A 宾馆 bīnguǎn   B 商店 shāngdiàn   C 电影院 diànyǐngyuàn

32. A 问 问题 wèn wèntí   B 打 电话 dǎ diànhuà   C 买 东西 mǎi dōngxi

33. A 等 人 děng rén   B 看 电影 kàn diànyǐng   C 喝 咖啡 hē kāfēi

34. A 服务员 fúwùyuán   B 老师 lǎoshī   C 医生 yīshēng

35. A 太 远 了 tài yuǎn le   B 太 好 了 tài hǎo le   C 太 小 了 tài xiǎo le

二、阅读

第一部分

第36-40题

例如：Měi ge xīngqīrì, tā dōu qù yóuyǒng.
每 个 星期日，他 都 去 游泳。 B

36. Nǐ xiànzài shēngbìng le, yào chī yào, hái yào duō xiūxi.
你 现在 生病 了，要 吃 药，还 要 多 休息。

37. Wǒ huí jiā de shíhou, mén kāizhe, dìdi bú zài jiā.
我 回 家 的 时候，门 开着，弟弟 不 在 家。

38. Wǒ měi ge xīngqītiān dōu xǐ yīfu.
我 每 个 星期天 都 洗 衣服。

39. Qǐng shuōshuo nǐ zuòguo de gōngzuò.
请 说说 你 做过 的 工作。

40. Wǒ xǐhuan hé péngyou yìqǐ qù lǚyóu.
我 喜欢 和 朋友 一起 去 旅游。

第二部分

第41-45题

	de	cóng	yě	piányi	zhǔnbèi	yìsi
	A 的	B 从	C 也	D 便宜	E 准备	F 意思

例如： Zhèr de cài hěn hǎochī, yě hěn
这儿 的 菜 很 好吃， 也 很 （ D ）。

41. Lǎoshī, zhège zì shì shénme
    老师，这个 字 是 什么（　　）？

42. 女：（　　）hǎo le, kěyǐ kāishǐ le.
    好 了，可以 开始 了。

    男：Hǎo de.
    好 的。

43. （　　）wǒ jiā dào xuéxiào kāichē shí fēnzhōng.
    我 家 到 学校 开车 十 分钟。

44. Zhè jiàn yīfu shì wǒ zài Tàiguó mǎi
    这 件 衣服 是 我 在 泰国 买（　　）。

45. 女：Wǒ xǐhuan gǒu, bù xǐhuan māo.
    我 喜欢 狗，不 喜欢 猫。

    男：Wǒ （　　）shì.
    我 （　　）是。

第三部分

第46-50题

例如：
Xiànzài shì diǎn fēn, wǒmen kàn diànshì yǐjīng kànle fēnzhōng le.
现在 是 11 点 30 分，我们 看 电视 已经 看了 20 分钟 了。

Tāmen diǎn fēn kāishǐ kàn diànshì de.
★ 他们 11 点 10 分 开始 看 电视 的。　　　　　　　（ ✓ ）

Tā huì chàng gē, dànshì chàng de bù zěnmeyàng.
他 会 唱 歌，但是 唱 得 不 怎么样。

Tā chàng de fēicháng hǎo.
★ 他 唱 得 非常 好。　　　　　　　　　　　　　　（ ✗ ）

46. Zhāng Hóng hěn xǐhuan zuò lǎoshī, měi tiān hé xuésheng zài yìqǐ, tā juéde
张 红 很 喜欢 做 老师，每 天 和 学生 在 一起，她 觉得
hěn gāoxìng.
很 高兴。

Zhāng Hóng hé xuésheng zài yìqǐ hěn kuàilè.
★ 张 红 和 学生 在 一起 很 快乐。　　　　　　　（ 　 ）

47. Zhè liǎng tiān dōu shì yīn tiān, tài lěng le.
这 两 天 都 是 阴 天，太 冷 了。

Zuótiān shì qíng tiān.
★ 昨天 是 晴 天。　　　　　　　　　　　　　　　（ 　 ）

48. Wǒ jiā yòubian jiù shì ge dà shāngdiàn, mǎi dōngxi hěn jìn.
我 家 右边 就 是 个 大 商店，买 东西 很 近。

Wǒ jiā zài shāngdiàn de yòubian.
★ 我 家 在 商店 的 右边。　　　　　　　　　　　（ 　 ）

49.
Dàwèi huì zuò Zhōngguó cài, dànshì bú tài hǎochī.
大卫 会 做 中国 菜，但是 不 太 好吃。

★ Dàwèi néng zuò Zhōngguó cài.
★ 大卫 能 做 中国 菜。　　　　　　　　　（　　）

50.
Wǒmen zǒu de màn, nǐ bié děng wǒmen. Qù fàndiàn kànkan yíhuìr wǒmen chī shénme.
我们 走 得 慢，你 别 等 我们。去 饭店 看看 一会儿 我们 吃 什么。

★ Tāmen yào qù fàndiàn chī fàn.
★ 他们 要 去 饭店 吃 饭。　　　　　　　（　　）

第四部分

第51-55题

A 他出去了，你一个小时后再打吧。

B 你的儿子比你还高，可以去打篮球。

C 因为昨天晚上下雨了，所以不能踢球了。

D 很少，她每次都说，快去学习吧。

E 我开车送你去吧。

F 张先生在家吗？

例如：在，他在房间里看书。　　[F]

51. 你怎么没去踢球？　　[ ]

52. 你在家里帮助妈妈做过饭吗？　　[ ]

53. 他是喜欢打篮球，但是他想做医生。　　[ ]

54. 这儿离学校太远了，又没有公共汽车。　　[ ]

55. 喂，你好！我想找一下李先生。　　[ ]

第56-60题：

A Wǒ kàndào nǐmen nàlǐ yǔ fēicháng dà, lùshang dōu shì shuǐ.
   我 看到 你们 那里 雨 非常 大，路上 都 是 水。

B Diànyuán duì wǒ shuō, nà jiàn shàngyī yǐjīng mài le.
   店员 对 我 说，那 件 上衣 已经 卖 了。

C Duìbuqǐ, wǒ yě shì dì-yī cì lái zhèr, nǐ wèn biérén ba.
   对不起，我 也 是 第一 次 来 这儿，你 问 别人 吧。

D Tāmen míngtiān yào zuò fēijī qù Zhōngguó.
   他们 明天 要 坐 飞机 去 中国。

E Shēngrì kuàilè!
   生日 快乐！

56. Wǒ yào kànkan nà jiàn hóngsè de shàngyī.
    我 要 看看 那 件 红色 的 上衣。

57. Nín hǎo! Cóng zhèr qù yīyuàn zěnme zǒu?
    您 好！从 这儿 去 医院 怎么 走？

58. Xièxie! Měi nián zhège shíhou nǐ dōu lái kàn wǒ.
    谢谢！每 年 这个 时候 你 都 来 看 我。

59. Wǒ shì cóng diànshì shang kàndào de.
    我 是 从 电视 上 看到 的。

60. Nǐ zhīdào tāmen míngtiān jǐ diǎn qù jīchǎng ma?
    你 知道 他们 明天 几 点 去 机场 吗？

新汉语水平考试
HSK（二级）
模拟考试 7

注　意

一、　HSK（二级）分两部分：

　　1. 听力(35题，约25分钟)

　　2. 阅读(25题，22分钟)

二、　听力结束后，有3分钟填写答题卡。

三、　全部考试约55分钟(含考生填写个人信息时间5分钟)。

一、听力

第一部分

第1-10题

例如:	(家庭图)	✓
	(公交车图)	✗
1.	(医生图)	
2.	(808门牌图)	
3.	(硬币图)	
4.	(一家三口图)	

第二部分

第11-15题

A

B

C

D

E

F

例如： 女： Nǐ xǐhuan shénme yùndòng?
　　　　　你 喜欢 什么 运动？

　　　　男： Wǒ xǐhuan dǎ lánqiú.
　　　　　我 喜欢 打 篮球。　　　　　　　F

11.

12.

13.

14.

15.

第16-20题

A

B

C

D

E

16. ☐

17. ☐

18. ☐

19. ☐

20. ☐

第三部分

第21-30题

例如：
男：　　Xiǎo Wáng, zhèlǐ yǒu jǐ jiàn yīfu, nǎ jiàn shì nǐ de?
　　　 小 王， 这里 有 几 件 衣服，哪 件 是 你 的？

女：　　Zuǒbian nà jiàn hóngsè de shì wǒ de.
　　　 左边 那 件 红色 的 是 我 的。

问：　　Xiǎo Wáng de yīfu shì shénme yánsè de?
　　　 小 王 的 衣服 是 什么 颜色 的？

	hóngsè	hēisè	báisè
	A 红色 ✓	B 黑色	C 白色

21.　A 学习(xuéxí)　　B 工作(gōngzuò)　　C 旅游(lǚyóu)

22.　A 早上(zǎoshang)　　B 中午(zhōngwǔ)　　C 晚上(wǎnshang)

23.　A 没有 时间(méiyǒu shíjiān)　　B 不 想 去(bù xiǎng qù)　　C 什么 时候 都 可以(shénme shíhou dōu kěyǐ)

24.　A 慢 一点儿 走(màn yìdiǎnr zǒu)　　B 慢 一点儿 吃(màn yìdiǎnr chī)　　C 慢 一点儿 说(màn yìdiǎnr shuō)

25.　A 学习(xuéxí)　　B 玩儿(wánr)　　C 睡觉(shuìjiào)

26. A 看错 时间 了　　B 没有 时间　　C 没有 人 告诉 她

27. A 今天 下午　　B 明天 上午　　C 明天 下午

28. A 朋友　　B 同学　　C 老师

29. A 买 书　　B 看 电影　　C 洗 衣服

30. A 一 岁　　B 十 岁　　C 二十 岁

第四部分

第31-35题

例如：
女： Qǐng zài zhèr xiě nín de míngzi.
　　 请 在 这儿 写 您 的 名字。

男： Shì zhèr ma?
　　 是 这儿 吗？

女： Bú shì, shì zhèr.
　　 不 是，是 这儿。

男： Hǎo, xièxie.
　　 好，谢谢。

问： Nán de yào xiě shénme?
　　 男 的 要 写 什么？

A 名字 míngzi ✓　　B 时间 shíjiān　　C 房间号 fángjiān hào

31. A 生病了 shēngbìng le　　B 想睡觉 xiǎng shuìjiào　　C 不喜欢这个工作 bù xǐhuan zhège gōngzuò

32. A 不欢迎 bù huānyíng　　B 没有准备 méiyǒu zhǔnbèi　　C 不高兴 bù gāoxìng

33. A 高红 Gāo Hóng　　B 李明 Lǐ Míng　　C 张先生 Zhāng xiānsheng

34. A 两个小时 liǎng ge xiǎoshí　　B 五个小时 wǔ ge xiǎoshí　　C 二十二个小时 èrshí'èr ge xiǎoshí

35. A 开饭店 kāi fàndiàn　　B 开书店 kāi shūdiàn　　C 开商店 kāi shāngdiàn

二、阅读

第一部分

第36-40题

例如：每个星期日，他都去游泳。 B

36. 到那儿下了公共汽车，就能看到医院。

37. 虽然我踢了两年，但是踢得不好。

38. 你们离老师太远了，坐前边吧。

39. 现在大家往前看，都笑一笑。

40. 右边有点儿高，再下来一点儿。

第二部分

第41-45题

A 吗 (ma)　　B 着 (zhe)　　C 因为 (yīnwèi)　　D 便宜 (piányi)　　E 第 (dì)　　F 非常 (fēicháng)

例如：这儿 的 菜 很 好吃，也 很（ D ）。
Zhèr de cài hěn hǎochī, yě hěn

41. 男：你 在 这儿 等 人（　　）？
　　　Nǐ zài zhèr děng rén

　　女：是 的，我 在 等 我 妹妹。
　　　Shì de, wǒ zài děng wǒ mèimei.

42. 男：你 为 什么 不 去 你 爸爸 的 公司 工作？
　　　Nǐ wèi shénme bú qù nǐ bàba de gōngsī gōngzuò?

　　女：（　　）我 想 做 我 喜欢 的 事情。
　　　　　　　wǒ xiǎng zuò wǒ xǐhuan de shìqing.

43. 太 好 了，来 中国（　　）一 天 就 认识了 两 个 新 朋友。
　　Tài hǎo le, lái Zhōngguó　　yī tiān jiù rènshile liǎng ge xīn péngyou.

44. 你 看（　　）我 的 眼睛，说 真 话。
　　Nǐ kàn　　wǒ de yǎnjing, shuō zhēn huà.

45. 爸爸 的 身体（　　）不 好，你 不要 让 他 不 高兴。
　　Bàba de shēntǐ　　bù hǎo, nǐ búyào ràng tā bù gāoxìng.

第三部分

第46-50题

例如:
现在是11点30分,我们看电视已经看了20分钟了。

★ 他们11点10分开始看电视的。　　　　　　　(✓)

他会唱歌,但是唱得不怎么样。

★ 他唱得非常好。　　　　　　　　　　　　　(✗)

46. 不要想得太多,要多做。做了才能知道对不对。

★ 要多做才能知道。　　　　　　　　　　　　(　)

47. 小张,你是新来的,有什么问题可以问我们,别客气。

★ 小张来公司很多年了。　　　　　　　　　　(　)

48. 店员给我介绍的衣服,我穿太长了。那件白色的很漂亮,但是要一千二百块钱。再说吧。

★ 我买了一件白色的衣服。　　　　　　　　　(　)

49. Wǒ juéde píngguǒ méiyǒu xīguā hǎochī, dànshì xīguā bǐ píngguǒ guì.
我 觉得 苹果 没有 西瓜 好吃，但是 西瓜 比 苹果 贵。

★ Píngguǒ piányi.
★ 苹果 便宜。　　　　　　　　　　　　　　（　　）

50. Xiànzài hái bú dào bā diǎn, nǐ zěnme jiù shuìjiào le? Shìbushì tài lèi le?
现在 还 不 到 八 点，你 怎么 就 睡觉 了？是不是 太 累 了？

★ Xiànzài bā diǎn le.
★ 现在 八 点 了。　　　　　　　　　　　　（　　）

第四部分

第51-55题

A 没有，我生病了，在医院住了一个多月。

B 我最不喜欢阴天了，这几天一会儿阴一会儿晴的。

C 怎么可能，我儿子还不会走路呢。

D 是有问题，小明说今天来帮我看看。

E 这个星期你哪天休息？

F 张先生在家吗？

例如：在，他在房间里看书。 F

51. 你的电脑打开后怎么是黑的？

52. 是的，不知道明天天气怎么样。

53. 我星期二休息，你要去看李老师吧？

54. 快两个月没看见你了，你出国了吗？

55. 那天和你一起来的是你儿子吗？

第56-60题：

A　Shàngkè de shíhou, měi ge xuésheng dōu yào shuō Hànyǔ.
　　上课 的 时候，每 个 学生 都 要 说 汉语。

B　Tā měi tiān dōu shuō yào zǎo yìdiǎnr qǐchuáng.
　　她 每 天 都 说 要 早 一点儿 起床。

C　Wǒ qīzi zuòle hěn duō cài, yí ge péngyou yào lái.
　　我 妻子 做了 很 多 菜，一 个 朋友 要 来。

D　Zhè běn shū wǒ kànle yìxiē, hái méi kànwán.
　　这 本 书 我 看了 一些，还 没 看完。

E　Shí tiān hòu de huǒchēpiào xiànzài mài ma?
　　十 天 后 的 火车票 现在 卖 吗？

56. Jiějie xiǎng hé wǒ yìqǐ qù pǎobù, dàn tā yí cì yě méi qù.
　　姐姐 想 和 我 一起 去 跑步，但 她 一 次 也 没 去。　□

57. Mài, sānshí tiān hòu de piào yě kěyǐ mǎi.
　　卖，三十 天 后 的 票 也 可以 买。　□

58. Nǐ kàn shū kàn de zhēn màn, wǒ sān tiān jiù kànwán le.
　　你 看 书 看 得 真 慢，我 三 天 就 看完 了。　□

59. Xuéxí Hànyǔ yào duō tīng, duō shuō.
　　学习 汉语 要 多 听，多 说。　□

60. Xièxie nǐ duì wǒmen de bāngzhù, wǒ xiǎng qǐng nǐ dào jiā li chī fàn.
　　谢谢 你 对 我们 的 帮助，我 想 请 你 到 家 里 吃 饭。　□

新汉语水平考试
HSK（二级）
模拟考试 8

注　意

一、　HSK（二级）分两部分：

　　　1. 听力(35题，约25分钟)

　　　2. 阅读(25题，22分钟)

二、　听力结束后，有3分钟填写答题卡。

三、　全部考试约55分钟(含考生填写个人信息时间5分钟)。

一、听力
第一部分

第1-10题

例如：	(family photo)	✓
	(bus)	✗
1.	(snowy park)	
2.	(smartphone)	
3.	(girl swimming)	
4.	(girl at party)	

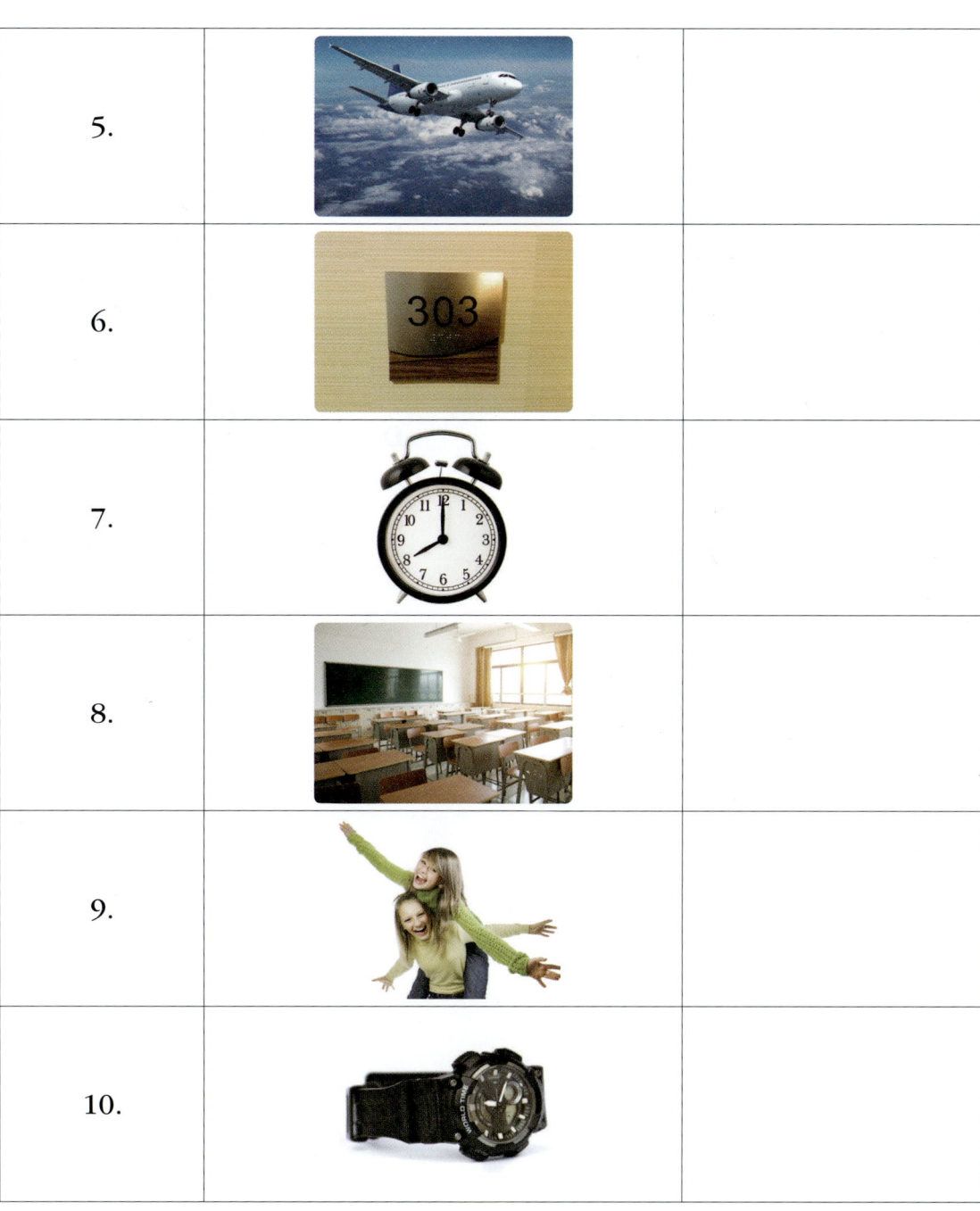

第二部分

第11-15题

A

B

C

D

E

F

例如： 女： Nǐ xǐhuan shénme yùndòng?
　　　　你 喜欢 什么 运动？

　　　 男： Wǒ xǐhuan dǎ lánqiú.
　　　　我 喜欢 打 篮球。　　　　　　　　F

11.

12.

13.

14.

15.

第16-20题

A

B

C

D

E

16. ☐

17. ☐

18. ☐

19. ☐

20. ☐

第三部分

第21-30题

例如： 男： Xiǎo Wáng, zhèlǐ yǒu jǐ jiàn yīfu, nǎ jiàn shì nǐ de?
　　　　　小 王， 这里 有 几 件 衣服， 哪 件 是 你 的?

　　　　女： Zuǒbian nà jiàn hóngsè de shì wǒ de.
　　　　　左边 那 件 红色 的 是 我 的。

　　　　问： Xiǎo Wáng de yīfu shì shénme yánsè de?
　　　　　小 王 的 衣服 是 什么 颜色 的?

　　　　A hóngsè 红色 ✓　　　B hēisè 黑色　　　C báisè 白色

21. A xià xīngqīwǔ 下 星期五　　B xià xīngqīsì 下 星期四　　C xià xīngqīsān 下 星期三

22. A tā qīzi 他 妻子　　B tā mèimei 他 妹妹　　C tā péngyou 他 朋友

23. A xuéxiào 学校　　B fànguǎn 饭馆　　C shāngdiàn 商店

24. A bā yuè shíqī 八 月 十七　　B bā yuè shíbā 八 月 十八　　C bā yuè shíjiǔ 八 月 十九

25. A lèi le 累 了　　B shēngbìng le 生病 了　　C yǒu gōngzuò 有 工作

26.
A 有点儿 贵 (yǒudiǎnr guì)　　B 有点儿 小 (yǒudiǎnr xiǎo)　　C 有点儿 大 (yǒudiǎnr dà)

27.
A 吃 药 (chī yào)　　B 多 运动 (duō yùndòng)　　C 多 休息 (duō xiūxi)

28.
A 十九 块 (shíjiǔ kuài)　　B 二十三 块 (èrshísān kuài)　　C 二十七 块 (èrshíqī kuài)

29.
A 五 零 六 (wǔ líng liù)　　B 五 零 七 (wǔ líng qī)　　C 五 零 八 (wǔ líng bā)

30.
A 红色 的 (hóngsè de)　　B 黑色 的 (hēisè de)　　C 白色 的 (báisè de)

第四部分

第31-35题

例如：
女： Qǐng zài zhèr xiě nín de míngzi.
　　　请 在 这儿 写 您 的 名字。

男： Shì zhèr ma?
　　　是 这儿 吗？

女： Bú shì, shì zhèr.
　　　不 是，是 这儿。

男： Hǎo, xièxie.
　　　好，谢谢。

问： Nán de yào xiě shénme?
　　　男 的 要 写 什么？

　　A 名字 míngzi ✓　　B 时间 shíjiān　　C 房间 号 fángjiān hào

31. A 咖啡 kāfēi　　B 牛奶 niúnǎi　　C 红茶 hóngchá

32. A 运动 yùndòng　　B 考试 kǎoshì　　C 看 书 kàn shū

33. A 85662312　　B 85662313　　C 88675589

34. A 找 手表 zhǎo shǒubiǎo　　B 买 桌子 mǎi zhuōzi　　C 睡觉 shuìjiào

35. A 去 上班 qù shàngbān　　B 出去 玩儿 chūqù wánr　　C 找 新 的 工作 zhǎo xīn de gōngzuò

二、阅读

第一部分

第36-40题

A

B

C

D

E

F

例如： Měi ge xīngqīrì, tā dōu qù yóuyǒng.
每 个 星期日，他 都 去 游泳。 B

36. Chuān hóng yīfu de nǚ háizi tiào de zuì hǎo!
穿 红 衣服 的 女 孩子 跳 得 最 好！

37. Tā měi tiān zǎoshang dōu kàn bàozhǐ.
他 每 天 早上 都 看 报纸。

38. Tā kànwán diànshì, kāishǐ xuéxí le.
她 看完 电视，开始 学习 了。

39. Fúwùyuán xiàozhe shuō: "Huānyíng zài lái!"
服务员 笑着 说："欢迎 再 来！"

40. Wǒ yào mǎi liǎng zhāng jīpiào, míngtiān hé māma qù Běijīng.
我 要 买 两 张 机票，明天 和 妈妈 去 北京。

第二部分

第41-45题

A 对（duì）　B 向（xiàng）　C 正在（zhèngzài）　D 便宜（piányi）　E 机场（jīchǎng）　F 所以（suǒyǐ）

例如：这儿的菜很好吃，也很（ D ）。

41. 玩手机的时间太长，（ 　 ）眼睛不好。

42. 我今天下午三点的飞机，我现在要去（ 　 ）。

43. 昨天晚上他工作到很晚，现在（ 　 ）睡觉。

44. 你从这儿（ 　 ）下看，能看见一个红色的房子，那就是我家。

45. 衣服还没洗，（ 　 ）我一个小时后再出去。

第三部分

第46-50题

例如:
现在是11点30分,我们看电视已经看了20分钟了。

★ 他们11点10分开始看电视的。　　　　　　　　　(✓)

他会唱歌,但是唱得不怎么样。

★ 他唱得非常好。　　　　　　　　　　　　　　　(✗)

46. 要下雨了,我不去打篮球了。

★ 他要去打篮球。　　　　　　　　　　　　　　　(　)

47. 这个杯子是我的,去年生日的时候,我女朋友送我的。

★ 他女朋友送他杯子。　　　　　　　　　　　　　(　)

48. 爸爸一看见好书就买,现在家里的书可以开书店了。

★ 爸爸有一个书店。　　　　　　　　　　　　　　(　)

49. Xuéxiào jiù zài wǒ jiā de hòumiàn, wǒ měi tiān zǒulù qù shàngxué.
学校 就 在 我 家 的 后面，我 每 天 走路 去 上学。

　　Xuéxiào lí tā jiā hěn jìn.
★ 学校 离 他 家 很 近。　　　　　　　　　　（　　）

50. Wǒmen de dà nǚ'ér shì lǎoshī, xiǎo nǚ'ér xiànzài shì dàxuéshēng, hái yǒu yí ge
我们 的 大 女儿 是 老师，小 女儿 现在 是 大学生，还 有 一 个
nánháir, jīnnián shí suì.
男孩儿，今年 十 岁。

　　Tāmen jiā yǒu wǔ kǒu rén.
★ 他们 家 有 五 口 人。　　　　　　　　　　（　　）

第四部分

第51-55题

A Zhīdào, yào kàn chē, duì ma?
   知道，要 看 车，对 吗？

B Xièxie, wǒ de shǒujī bú jiàn le, wǒ xiǎng dǎ ge diànhuà.
   谢谢，我 的 手机 不 见 了，我 想 打 个 电话。

C Dànshì yánsè hǎokàn, wǒ hěn xǐhuan.
   但是 颜色 好看，我 很 喜欢。

D Wǒ méiyǒu língqián, gěi nǐ yìbǎi de ba.
   我 没有 零钱，给 你 一百 的 吧。

E Cóng zhèr wǎng qián zǒu, nǐ huì kànjiàn yí ge xuéxiào, yòubian shì kāfēidiàn, zuǒbian jiù shì shāngdiàn.
   从 这儿 往 前 走，你 会 看见 一 个 学校，右边 是 咖啡店，左边 就 是 商店。

F Zhāng xiānsheng zài jiā ma?
   张 先生 在 家 吗？

例如： Zài, tā zài fángjiān li kàn shū.
      在，他 在 房间 里 看 书。 [F]

51. Qǐngwèn, shāngdiàn zěnme zǒu? Wǒ xiǎng mǎi xiē dōngxi.
    请问，商店 怎么 走？我 想 买 些 东西。 [ ]

52. Zhège zìxíngchē tài guì le.
    这个 自行车 太 贵 了。 [ ]

53. Nǐ bié zǒulù shí tīng gē, zhīdào ma?
    你 别 走路 时 听 歌，知道 吗？ [ ]

54. Nǐ hǎo, yào wǒ bāngzhù nǐ ma?
    你 好，要 我 帮助 你 吗？ [ ]

55. Zhèxiē jīdàn èrshíliù kuài wǔ.
    这些 鸡蛋 二十六 块 五。 [ ]

第56-60题：

A 从这儿坐火车去北京要十三个小时，但是坐飞机两个多小时就到了。

B 我们现在想要回家休息。

C 她生病了。

D 他开了一个新公司，所以一点儿休息时间也没有。

E 她已经不在这儿上班了，我不知道她的电话。

56. 我有事情找她，但我没找到她。

57. 我要坐飞机去，因为坐飞机比坐火车快很多。

58. 他已经三年没和家人一起去旅游了。

59. 这个药每天吃两次，一次吃三个，要吃一个星期。

60. 今天工作非常多，大家都很累。

新汉语水平考试
HSK（二级）
模拟考试 9

注　意

一、 HSK（二级）分两部分：

　　1. 听力(35题，约25分钟)

　　2. 阅读(25题，22分钟)

二、 听力结束后，有3分钟填写答题卡。

三、 全部考试约55分钟(含考生填写个人信息时间5分钟)。

一、听力

第一部分

第1-10题

例如：	(图)	✓
	(图)	×
1.	(图)	
2.	(图)	
3.	(图)	
4.	(图)	

5.		
6.		
7.		
8.		
9.		
10.		

第二部分

第11-15题

A	B
C	D
E	F

例如： 女： Nǐ xǐhuan shénme yùndòng?
你 喜欢 什么 运动？

男： Wǒ xǐhuan dǎ lánqiú.
我 喜欢 打 篮球。   F

11.

12.

13.

14.

15.

第16-20题

A

B

C

D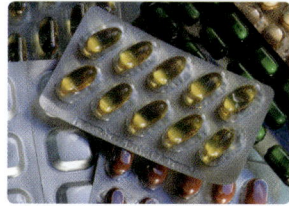

E

16. ☐

17. ☐

18. ☐

19. ☐

20. ☐

第三部分

第21-30题

例如： 男： Xiǎo Wáng, zhèlǐ yǒu jǐ jiàn yīfu, nǎ jiàn shì nǐ de?
　　　　　 小 王，这里 有 几 件 衣服，哪 件 是 你 的?

　　　　女： Zuǒbian nà jiàn hóngsè de shì wǒ de.
　　　　　 左边 那 件 红色 的 是 我 的。

　　　　问： Xiǎo Wáng de yīfu shì shénme yánsè de?
　　　　　 小 王 的 衣服 是 什么 颜色 的?

　　　　A hóngsè 红色 ✓　　　B hēisè 黑色　　　C báisè 白色

21. A xuéxiào hòumiàn 学校 后面　　B Xiǎo Zhāng jiā pángbiān 小 张 家 旁边　　C Wáng Hóng jiā pángbiān 王 红 家 旁边

22. A fēijīchǎng 飞机场　　B huǒchēzhàn 火车站　　C gōnggòngqìchēzhàn 公共汽车站

23. A yì nián 一 年　　B liǎng nián 两 年　　C sān nián 三 年

24. A tóngxué 同学　　B péngyou 朋友　　C jiārén 家人

25. A yuè rì 2月 26日　　B yuè rì 2月 16日　　C yuè rì 2月 6日

26.
A 她 生病 了 (tā shēngbìng le)
B 今天 没有 电影 (jīntiān méiyǒu diànyǐng)
C 她 没有 时间 (tā méiyǒu shíjiān)

27.
A 一 次 (yí cì)
B 两 次 (liǎng cì)
C 三 次 (sān cì)

28.
A 五 块 一 斤 (wǔ kuài yì jīn)
B 十 块 一 斤 (shí kuài yì jīn)
C 十五 块 一 斤 (shíwǔ kuài yì jīn)

29.
A 羊肉 (yángròu)
B 面条 (miàntiáo)
C 米饭 (mǐfàn)

30.
A 很 热 (hěn rè)
B 下 雪 (xià xuě)
C 晴 天 (qíng tiān)

第四部分

第31-35题

例如： 女： Qǐng zài zhèr xiě nín de míngzi.
请 在 这儿 写 您 的 名字。

男： Shì zhèr ma?
是 这儿 吗？

女： Bú shì, shì zhèr.
不 是，是 这儿。

男： Hǎo, xièxie.
好，谢谢。

问： Nán de yào xiě shénme?
男 的 要 写 什么？

| A míngzi 名字 ✓ | B shíjiān 时间 | C fángjiān hào 房间 号 |

31. A wǔshí duō ge 五十 多 个   B sānbǎi duō ge 三百 多 个   C sānbǎi wǔshí duō ge 三百 五十 多 个

32. A zǒulù 走路   B zuò gōnggòngqìchē 坐 公共汽车   C jiějie sòng tā qù 姐姐 送 他 去

33. A niúnǎi 牛奶   B kāfēi 咖啡   C chá 茶

34. A péngyou jièshào 朋友 介绍   B tāmen shì tóngxué 他们 是 同学   C gōngzuò shí rènshi de 工作 时 认识 的

35. A fàndiàn 饭店   B jīchǎng 机场   C huí jiā 回 家

二、阅读

第一部分

第36-40题

A

B

C

D

E

F

	Měi ge xīngqīrì, tā dōu qù yóuyǒng.	
例如：	每 个 星期日，他 都 去 游泳。	B

36. Wǒ xǐhuan zài kàn bàozhǐ de shíhou hē yì bēi kāfēi.
我 喜欢 在 看 报纸 的 时候 喝 一 杯 咖啡。

37. Tiānqì tài rè le, shénme yě bù xiǎng zuò.
天气 太 热 了，什么 也 不 想 做。

38. Tā de jiějie shēntǐ bù hǎo, zhè jǐ tiān zhùzài yīyuàn.
他 的 姐姐 身体 不 好，这 几 天 住在 医院。

39. Huānhuan hé Míngming de shēngrì dōu shì 1 yuè 10 hào.
欢欢 和 明明 的 生日 都 是 1 月 10 号。

40. Xuéxiào bú ràng wǒmen shàngkè de shíhou wán shǒujī.
学校 不 让 我们 上课 的 时候 玩 手机。

第二部分

第41-45题

	guo		zài		dànshì		piányi		pǎobù		hǎochī
A	过	B	再	C	但是	D	便宜	E	跑步	F	好吃

例如：这儿 的 菜 很 好吃，也 很（ D ）。

41. 今天 早上 天气 很 好，出来（ ）的 人 很 多。

42. 虽然 去 北京 的 机票 很 贵，（ ）两 个 小时 就 到 了。

43. 我 准备 下课 后（ ）问 老师 这个 问题。

44. 这里 的 菜 真（ ），下 次 我 还 来 这儿 吃 饭。

45. 我 来（ ）这个 宾馆，这里 的 服务 很 好。

第三部分

第46-50题

例如:现在是11点30分,我们看电视已经看了20分钟了。

★ 他们11点10分开始看电视的。　　　　　　(✓)

他会唱歌,但是唱得不怎么样。

★ 他唱得非常好。　　　　　　　　　　　　(✗)

46. 上次考试他错了很多,但是老师和同学都帮助他,所以这次考试他都做对了。

★ 他这次考得不好。　　　　　　　　　　　(　)

47. 同学们,不要每天看手机,看电脑,要多看书,多去外面运动。

★ 每天看手机,看电脑,不好。　　　　　　(　)

48. 他每天都来这里吃饭,这里的服务员他都认识。但今天这个服务员他没见过。

★ 饭店里来了新的服务员。　　　　　　　　(　)

49.
　　　Wǒ yǒu　　kuài qián, mǎi diànnǎo yào　　kuài qián, bù néng mǎi shǒujī le.
　　我 有 3000 块 钱，买 电脑 要 2900 块 钱，不 能 买 手机 了。

　　　　Tā　mǎile diànnǎo hé shǒujī.
　　★ 他 买了 电脑 和 手机。　　　　　　　　　　（　　）

50.
　　　Jīntiān tā hěn bù gāoxìng, bù zěnme shuōhuà, fàn yě chī de hěn shǎo.
　　今天 他 很 不 高兴，不 怎么 说话，饭 也 吃 得 很 少。

　　　　Jīntiān, tā shuōle hěn duō huà.
　　★ 今天，他 说了 很 多 话。　　　　　　　　　（　　）

第四部分

第51-55题

A 你说要去看电影吧？怎么还没去呢？

B 这是谁的猫？

C 我现在离学校太远，你三十分钟后帮我送他吧。

D 他去吃午饭了，你在这儿等他一会儿吧。

E 她真漂亮，你知道她叫什么名字吗？

F 张先生在家吗？

例如：在，他在房间里看书。　F

51. 喂！你几点去送张老师？　☐

52. 她叫李红，是我们公司的，要我给你介绍介绍吗？　☐

53. 我上午已经看完电影了。　☐

54. 请问，张医生在吗？我是他妻子。　☐

55. 这是李华家的猫，我们给他打电话吧！　☐

第56-60题：

A 　Wǒ zài shuǐ li kàndàole hěn duō yú, dà de xiǎo de dōu yǒu.
　　我 在 水 里 看到了 很 多 鱼，大 的 小 的 都 有。

B 　Nǐ jiějie tiàowǔ tiào de zhēn hǎo!
　　你 姐姐 跳舞 跳 得 真 好！

C 　Wǒ xǐhuan hóngsè de, dànshì hóngsè de bǐ báisè de guì yìdiǎnr.
　　我 喜欢 红色 的，但是 红色 的 比 白色 的 贵 一点儿。

D 　Wéi! Wèi shénme wǒ de cài hái méi dào, wǒ yǐjīng děng yí ge xiǎoshí le.
　　喂！为 什么 我 的 菜 还 没 到，我 已经 等 一 个 小时 了。

E 　Qǐngwèn, zài nǎlǐ zuò gōnggòngqìchē?
　　请问，在 哪里 坐 公共汽车？

56. 　Wǒ bù zhīdào mǎi nǎge hǎo.
　　我 不 知道 买 哪个 好。　　　　　　　□

57. 　Jiù zài qiánmiàn.
　　就 在 前面。　　　　　　　　　　　　□

58. 　Tā xuéle liǎng nián le, dōu shì zài diànshì shang xué de.
　　她 学了 两 年 了，都 是 在 电视 上 学 的。　□

59. 　Shì de, yīnwèi zhèbiān yǒu yú xǐhuan chī de dōngxi.
　　是 的，因为 这边 有 鱼 喜欢 吃 的 东西。　□

60. 　Duìbuqǐ, wǒ xiànzài gěi fúwùyuán dǎ diànhuà, tā kěnéng zài lùshang.
　　对不起，我 现在 给 服务员 打 电话，他 可能 在 路上。　□

新汉语水平考试
HSK（二级）
模拟考试 10

注 意

一、 HSK（二级）分两部分：

　　1. 听力(35题，约25分钟)

　　2. 阅读(25题，22分钟)

二、 听力结束后，有3分钟填写答题卡。

三、 全部考试约55分钟(含考生填写个人信息时间5分钟)。

一、听力

第一部分

第1-10题

例如：	(家庭图)	✓
	(公交车图)	✕
1.	(登山图)	
2.	(火车图)	
3.	(握手图)	
4.	(水杯图)	

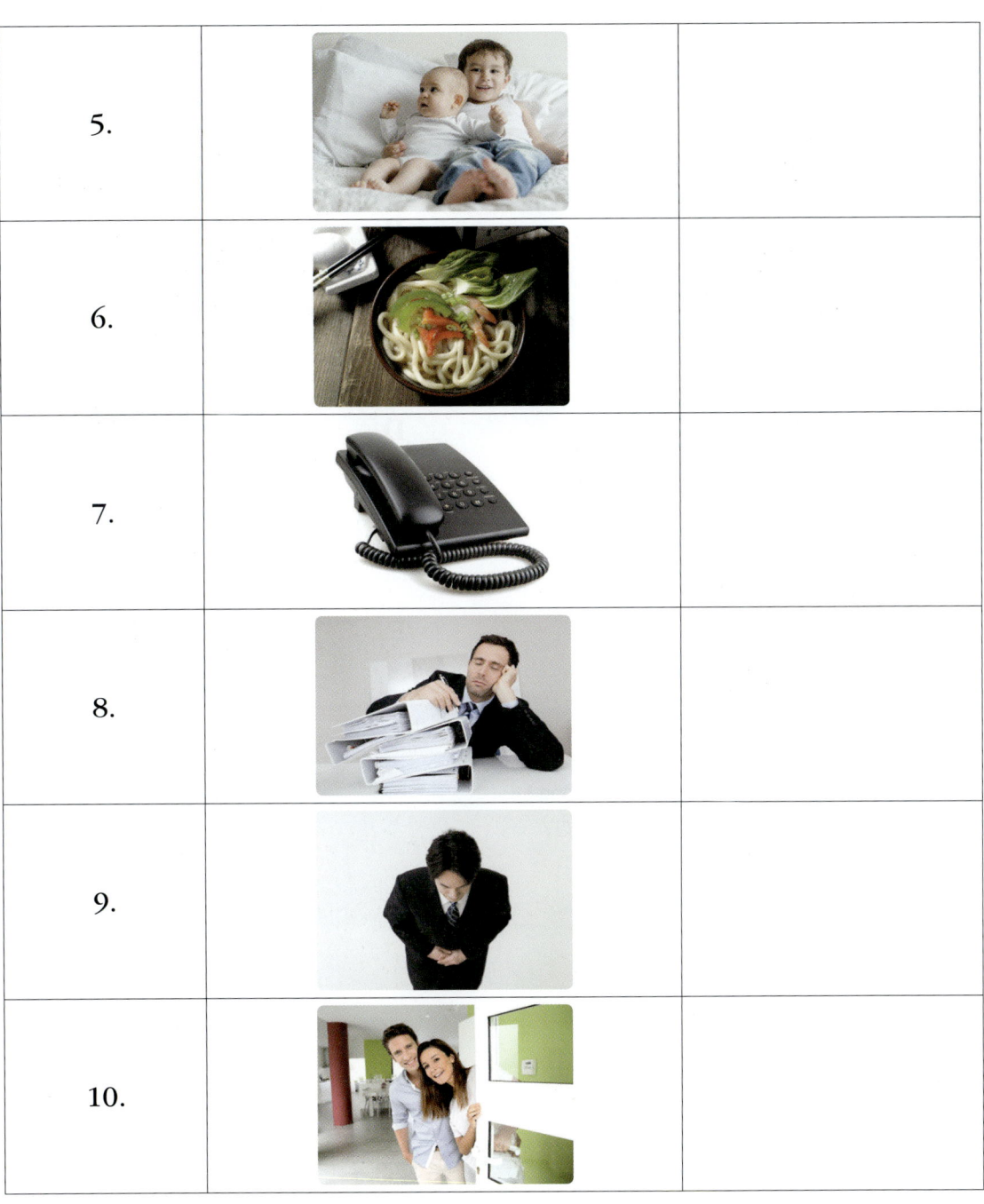

第二部分

第11-15题

A

B

C

D

E

F

例如： 女： Nǐ xǐhuan shénme yùndòng?
你 喜欢 什么 运动?

男： Wǒ xǐhuan dǎ lánqiú.
我 喜欢 打 篮球。   F

11.

12.

13.

14.

15.

第16-20题

16.
17.
18.
19.
20.

第三部分

第21-30题

例如： 男： Xiǎo Wáng, zhèlǐ yǒu jǐ jiàn yīfu, nǎ jiàn shì nǐ de?
　　　　　小 王，这里 有 几 件 衣服，哪 件 是 你 的？

　　　　女： Zuǒbian nà jiàn hóngsè de shì wǒ de.
　　　　　左边 那 件 红色 的 是 我 的。

　　　　问： Xiǎo Wáng de yīfu shì shénme yánsè de?
　　　　　小 王 的 衣服 是 什么 颜色 的？

　　A hóngsè 红色 ✓　　　　B hēisè 黑色　　　　C báisè 白色

21.　A xuéxí 学习　　　　B yùndòng 运动　　　　C kàn diànyǐng 看 电影

22.　A shì māma de shēngrì 是 妈妈 的 生日　　　　B māma bú shàngbān 妈妈 不 上班　　　　C māma shēntǐ bù hǎo 妈妈 身体 不 好

23.　A zuò huǒchē 坐 火车　　　　B zuò gōnggòngqìchē 坐 公共汽车　　　　C zuò fēijī 坐 飞机

24.　A xīngqīwǔ 星期五　　　　B xīngqīliù 星期六　　　　C xīngqīrì 星期日

25.　A xuéxiào 学校　　　　B yīyuàn 医院　　　　C gōngsī 公司

26. A 下雨 (xià yǔ)　　B 太热 (tài rè)　　C 太冷 (tài lěng)

27. A 水 (shuǐ)　　B 牛奶 (niúnǎi)　　C 茶 (chá)

28. A 不好 (bù hǎo)　　B 很好 (hěn hǎo)　　C 不会 (bú huì)

29. A 上课 (shàngkè)　　B 玩 (wán)　　C 唱歌 (chàng gē)

30. A 一百多个 (yìbǎi duō ge)　　B 八十多个 (bāshí duō ge)　　C 五十多个 (wǔshí duō ge)

第四部分

第31-35题

例如：
女： Qǐng zài zhèr xiě nín de míngzi.
　　 请 在 这儿 写 您 的 名字。

男： Shì zhèr ma?
　　 是 这儿 吗？

女： Bú shì, shì zhèr.
　　 不 是， 是 这儿。

男： Hǎo, xièxie.
　　 好， 谢谢。

问： Nán de yào xiě shénme?
　　 男 的 要 写 什么？

A míngzi 名字 ✓　　B shíjiān 时间　　C fángjiān hào 房间 号

31. A lǎoshī 老师　　B fúwùyuán 服务员　　C yīshēng 医生

32. A zhège xīngqīliù 这个 星期六　　B zhège xīngqīrì 这个 星期日　　C xià ge xīngqīrì 下 个 星期日

33. A lǚyóu 旅游　　B xuéxí 学习　　C gōngzuò 工作

34. A zhǎo yīfu 找 衣服　　B zhǎo shū 找 书　　C zhǎo zhuōzi 找 桌子

35. A qīzi 妻子　　B péngyou 朋友　　C nǚ'ér 女儿

二、阅读

第一部分

第36-40题

A

B

C

D

E

F

例如： Měi ge xīngqīrì, tā dōu qù yóuyǒng.
每 个 星期日，他 都 去 游泳。   B

36. Jīntiān zuò de bú tài hǎochī, kěnéng shì shuǐ tài duō le.
今天 做 得 不 太 好吃，可能 是 水 太 多 了。

37. Míngtiān jiù kǎoshì le, dànshì zhège tí wǒ hái bú huì.
明天 就 考试 了，但是 这 个 题 我 还 不 会。

38. Nǐ kāi de tài kuài le, màn yìdiǎnr.
你 开 得 太 快 了，慢 一点儿。

39. Wǒ lái jièshào yíxià, zhè shì wǒ de qīzi.
我 来 介绍 一下，这 是 我 的 妻子。

40. Háizimen zhèngzài tiàowǔ, tāmen hěn kuàilè.
孩子们 正在 跳舞，他们 很 快乐。

第二部分

第41-45题

	juéde	zài	guo	piányi	cóng	hái
	A 觉得	B 再	C 过	D 便宜	E 从	F 还

例如： Zhèr de cài hěn hǎochī, yě hěn
这儿 的 菜 很 好吃， 也 很（ D ）。

41. Míngtiān （　　）shuō ba, wǒ méi xiǎng hǎo ne.
明天（　　）说 吧， 我 没 想 好 呢。

42. Bàba shuìjiào le, dànshì diànshì （　　）kāizhe.
爸爸 睡觉 了， 但是 电视（　　）开着。

43. Wǒ （　　）zhè jiàn yīfu hěn piàoliang.
我（　　）这 件 衣服 很 漂亮。

44. Wǒ méi kàn（　　）Zhōngguó diànyǐng, zhè shì dì-yī cì.
我 没 看（　　）中国 电影， 这 是 第一 次。

45. （　　）zuótiān dào xiànzài, tā shénme dōngxi yě méi chī.
（　　）昨天 到 现在， 他 什么 东西 也 没 吃。

第三部分

第46-50题

例如：
Xiànzài shì diǎn fēn, wǒmen kàn diànshì yǐjīng kànle fēnzhōng le.
现在 是 11点 30分，我们 看 电视 已经 看了 20 分钟 了。

Tāmen diǎn fēn kāishǐ kàn diànshì de.
★ 他们 11点 10分 开始 看 电视 的。　　　　　(✓)

Tā huì chàng gē, dànshì chàng de bù zěnmeyàng.
他 会 唱 歌，但是 唱 得 不 怎么样。

Tā chàng de fēicháng hǎo.
★ 他 唱 得 非常 好。　　　　　　　　　　　　(✗)

46. Jīntiān shàngwǔ tiānqì hái hěn hǎo, dànshì xiànzài xià yǔ le, wàimiàn fēicháng lěng.
今天 上午 天气 还 很 好，但是 现在 下 雨 了，外面 非常 冷。

Jīntiān shàngwǔ méi xià yǔ.
★ 今天 上午 没 下 雨。　　　　　　　　　　　(　)

47. Xiǎo Gāo yǐjīng bìngle yí ge duō xīngqī le, yīshēng ràng tā cóng míngtiān kāishǐ zhùyuàn.
小 高 已经 病了 一个 多 星期 了，医生 让 他 从 明天 开始 住院。

Xiǎo Gāo xiànzài zhùzài yīyuàn.
★ 小 高 现在 住在 医院。　　　　　　　　　　(　)

48. Wǒ zuótiān mǎile yí ge xīn diànnǎo, hěn piányi, hái bú dào sān qiān.
我 昨天 买了 一个 新 电脑，很 便宜，还 不 到 三 千。

Wǒ mǎi de diànnǎo sānqiān duō kuài qián.
★ 我 买 的 电脑 三千 多 块 钱。　　　　　　　(　)

49. Xiànzài jiǔ diǎn le, hái yǒu èrshí fēnzhōng diànyǐng jiù yào kāishǐ le,
现在 九 点 了，还 有 二十 分钟 电影 就要 开始 了，
nǐ zěnme hái méi dào?
你 怎么 还 没 到？

Diànyǐng shí diǎn kāishǐ.
★ 电影 十 点 开始。　　　　　　　　　　　　（　　）

50. Duìbuqǐ, jīntiān wǒ bù néng hé nǐ qù mǎi chē le, gōngsī de shìqing
对不起，今天 我 不 能 和 你 去 买 车 了，公司 的 事情
hái méi mángwán, wǒmen míngtiān zài qù ba.
还 没 忙完，我们 明天 再 去 吧。

Nán de jīntiān méiyǒu shíjiān.
★ 男 的 今天 没有 时间。　　　　　　　　　　（　　）

第四部分

第51-55题

A 你是和谁一起来的？

B 很长时间没有运动了。

C 你能帮我买点儿东西吗？

D 请问，哪里有商店？

E 外面已经黑了，路不好走，你今天住在这儿吧。

F 张先生在家吗？

例如：在，他在房间里看书。　　F

51. 没关系，这个路我走了很多次了。

52. 学校旁边就有一个。

53. 和我弟弟一起来的。

54. 我们可以去打篮球。

55. 可以，但是我现在有点儿忙，下午帮你买吧。

第56-60题：

A　Wǒ zhè cì kǎoshì kǎo de bú tài hǎo.
　　我 这 次 考试 考 得 不 太 好。

B　Lǎoshī shuō de huà shì shénme yìsi, wǒ méi tīngdǒng.
　　老师 说 的 话 是 什么 意思，我 没 听懂。

C　Zhè shì yì jiā wàiguó gōngsī, hěn dà, gōngzuò yě hěn lèi.
　　这 是 一 家 外国 公司，很 大，工作 也 很 累。

D　Hǎo, kàn qiánbian, dōu xiàoyixiào.
　　好，看 前边，都 笑一笑。

E　Bàozhǐ shang shuō, dàxué kuài kāixué le, zuò huǒchē yào zǎo diǎnr mǎi piào.
　　报纸 上 说，大学 快 开学 了，坐 火车 要 早 点儿 买 票。

56.　Wǒ kàn le jīntiān de bàozhǐ.
　　　我 看 了 今天 的 报纸。　　　　　　　　　　　　□

57.　Kǎoshì qián yì tiān wǒ shēngbìng le.
　　　考试 前 一 天 我 生病 了。　　　　　　　　　　□

58.　Zhǔnbèi hǎo le ma? Dàjiā gāoxìng yìdiǎnr.
　　　准备 好 了 吗？大家 高兴 一点儿。　　　　　　□

59.　Nǐ duì zhège gōngsī zhīdào duōshao?
　　　你 对 这个 公司 知道 多少？　　　　　　　　　□

60.　Míngtiān shàngkè de shíhou wèn yíxià tóngxué ba.
　　　明天 上课 的 时候 问 一下 同学 吧。　　　　　□

新汉语水平考试
HSK（二级）
模拟考试 11

注　意

一、　HSK（二级）分两部分：

　　　1. 听力(35题，约25分钟)

　　　2. 阅读(25题，22分钟)

二、　听力结束后，有3分钟填写答题卡。

三、　全部考试约55分钟(含考生填写个人信息时间5分钟)。

一、听力
第一部分

第1-10题

例如：	[家庭图片]	✓
	[公共汽车图片]	×
1.	[服装店图片]	
2.	[踢足球图片]	
3.	[男士挥手图片]	
4.	[太阳图片]	

5.		
6.		
7.		
8.		
9.		
10.		

第二部分

第11-15题

A

B

C

D

E

F

例如： 女：Nǐ xǐhuan shénme yùndòng?
　　　　你 喜欢 什么 运动？

　　　男：Wǒ xǐhuan dǎ lánqiú.
　　　　我 喜欢 打 篮球。　　　　　　　F

11.

12.

13.

14.

15.

第16-20题

A

B

C

D

E

16.

17.

18.

19.

20.

第三部分

第21-30题

例如： 男： Xiǎo Wáng, zhèlǐ yǒu jǐ jiàn yīfu, nǎ jiàn shì nǐ de?
　　　　　小 王， 这里 有 几 件 衣服， 哪 件 是 你 的？

　　　　女： Zuǒbian nà jiàn hóngsè de shì wǒ de.
　　　　　左边 那 件 红色 的 是 我 的。

　　　　问： Xiǎo Wáng de yīfu shì shénme yánsè de?
　　　　　小 王 的 衣服 是 什么 颜色 的？

　　A 红色 (hóngsè) ✓　　B 黑色 (hēisè)　　C 白色 (báisè)

21. A 苹果 (píngguǒ)　　B 西瓜 (xīguā)　　C 菜 (cài)

22. A 一 杯 牛奶 (yì bēi niúnǎi)　　B 一 杯 咖啡 (yì bēi kāfēi)　　C 两 杯 牛奶 (liǎng bēi niúnǎi)

23. A 女儿 (nǚ'ér)　　B 哥哥 (gēge)　　C 儿子 (érzi)

24. A 茶 (chá)　　B 水 (shuǐ)　　C 咖啡 (kāfēi)

25. A 6月1号 (yuè hào)　　B 6月3号 (yuè hào)　　C 6月5号 (yuè hào)

26. A 五 分钟 (wǔ fēnzhōng)　B 十 分钟 (shí fēnzhōng)　C 三十 分钟 (sānshí fēnzhōng)

27. A 电视 (diànshì)　B 电脑 (diànnǎo)　C 手表 (shǒubiǎo)

28. A 泳衣 (yǒngyī)　B 跑步机 (pǎobùjī)　C 手机 (shǒujī)

29. A 二十 (èrshí)　B 八十 (bāshí)　C 一百 (yìbǎi)

30. A 七点 (qī diǎn)　B 八点 (bā diǎn)　C 九点 (jiǔ diǎn)

第四部分

第31-35题

例如：
女： Qǐng zài zhèr xiě nín de míngzi.
请 在 这儿 写 您 的 名字。

男： Shì zhèr ma?
是 这儿 吗？

女： Bú shì, shì zhèr.
不 是，是 这儿。

男： Hǎo, xièxie.
好，谢谢。

问： Nán de yào xiě shénme?
男 的 要 写 什么？

A 名字 míngzi ✓ B 时间 shíjiān C 房间号 fángjiān hào

31. A 水果 shuǐguǒ B 鸡蛋 jīdàn C 鱼 yú

32. A 昨天 zuótiān B 明天 míngtiān C 今天 jīntiān

33. A 二十四 èrshísì B 七十六 qīshíliù C 一百 yìbǎi

34. A 火车站 huǒchēzhàn B 公司 gōngsī C 机场 jīchǎng

35. A 太小了 tài xiǎo le B 太大了 tài dà le C 太长了 tài cháng le

二、阅读

第一部分

第36-40题

A		B	
C		D	
E		F	

例如： Měi ge xīngqīrì, tā dōu qù yóuyǒng.
每 个 星期日，他 都 去 游泳。　　B

36. Yīshēng gàosu wǒ, zhège yào yì tiān chī sān cì.
医生 告诉 我，这个 药 一 天 吃 三 次。

37. Zuòzài wǒ qiánbian de nàge rén tài gāo le, wǒ zuò nǐ nàr ba.
坐在 我 前边 的 那个 人 太 高 了，我 坐 你 那儿 吧。

38. Gēge de qīzi shì Zhōngguórén.
哥哥 的 妻子 是 中国人。

39. Wǒmen jiā yǒu sān ge háizi.
我们 家 有 三 个 孩子。

40. Měi cì qù chàng gē, wǒ zhàngfu dōu fēicháng gāoxìng.
每 次 去 唱 歌，我 丈夫 都 非常 高兴。

第二部分

第41-45题

	hòumiàn	dōu	le	piányi	dànshì	cóng
	A 后面	B 都	C 了	D 便宜	E 但是	F 从

例如： Zhèr de cài hěn hǎochī, yě hěn
这儿 的 菜 很 好吃， 也 很 （ D ）。

41. Fúwùyuán, wǒmen yǐjīng děng　　　sānshí duō fēnzhōng le.
    服务员，我们 已经 等 （　　）三十 多 分钟 了。

42. 　　　wǒ jiā dào gōngsī yào yí ge xiǎoshí.
    （　　）我 家 到 公司 要 一 个 小时。

43. Lǎoshī, zhèxiē tí wǒ　　　dǒng le.
    老师，这些 题 我 （　　）懂 了。

44. Zuótiān wánle yì tiān, hěn lèi,　　　wǒmen dōu hěn kuàilè.
    昨天 玩了 一 天， 很 累，（　　）我们 都 很 快乐。

45. Zuótiān zěnme méi kànjiàn nǐ?
    男：昨天 怎么 没 看见 你？
    Wǒ jiù zài nǐ　　　zuòzhe ne.
    女：我 就 在 你 （　　）坐着 呢。

第三部分

第46-50题

例如:
现在 是 11 点 30 分，我们 看 电视 已经 看了 20 分钟 了。
★ 他们 11 点 10 分 开始 看 电视 的。　　　　　(✓)

他 会 唱 歌，但是 唱 得 不 怎么样。
★ 他 唱 得 非常 好。　　　　　　　　　　　(✗)

46. 外面 太 黑 了，大家 都 别 出去 了，我们 明天 再 出去 打 球。
★ 太 晚 了，他们 没有 出去 玩。　　　　　　(　)

47. 因为 我 还 没 回 家，所以 还 没 告诉 我 女儿 这 件 事，
我 一 回 家 就 告诉 她。
★ 他 女儿 不 知道 这 件 事。　　　　　　　　(　)

48. 今天 是 7 月 1 日，再 有 两 天 就 是 我 妈妈 的 生日 了，
我 想 送给 她 一 个 电脑。
★ 今天 是 我 妈妈 的 生日。　　　　　　　　(　)

49. 晚会还在准备中呢，我来早了，再等等吧。

★ 晚会还没开始。　　　　　　　　　　　　（　　）

50. 我每天都学习很长时间，所以我希望这次我能考第一名。

★ 他考了第一名。　　　　　　　　　　　　（　　）

第四部分

第51-55题

A 小希已经比小新高很多了。

B 这儿有没有水果店？

C 近，五分钟就走到了。

D 我们一起去旅游吧。

E 很高兴认识你。

F 张先生在家吗？

例如：在，他在房间里看书。　F

51. 有，学校旁边就是。

52. 下个星期都是晴天。

53. 去年他还没我高呢。

54. 火车站离你家近吗？

55. 介绍一下，这是我最好的朋友。

第56-60题：

A　Wǒ háishi bù dǒng zhège wèntí de yìsi.
　我 还是 不 懂 这个 问题 的 意思。

B　Tā de wǔ tiào de zhēn hǎo, wǒ yě xiǎng xué tiàowǔ le.
　她 的 舞 跳 得 真 好，我 也 想 学 跳舞 了。

C　Nà wǒ jiù shǎo chuān diǎnr ba.
　那 我 就 少 穿 点儿 吧。

D　Xièxie nín gěi wǒmen de bāngzhù.
　谢谢 您 给 我们 的 帮助。

E　Tài gāo le, wǒ bù xiǎng wǎng shàng zǒu le.
　太 高 了，我 不 想 往 上 走 了。

56. Zhèxiē dōngxi dōu gěi nǐmen, wǒ xià ge yuè jiù huí guó le.
　　这些 东西 都 给 你们，我 下 个 月 就 回 国 了。 □

57. Zhège bīnguǎn de fángjiān yìdiǎnr yě bù lěng.
　　这个 宾馆 的 房间 一点儿 也 不 冷。 □

58. Nǐ kěyǐ zài duō dú jǐ cì.
　　你 可以 再 多 读 几 次。 □

59. Nǐ wèi shénme bù zǒu le?
　　你 为 什么 不 走 了？ □

60. Tā shí suì xuéxí tiàowǔ, xuéle wǔ nián le.
　　她 十 岁 学习 跳舞，学了 五 年 了。 □

新汉语水平考试
HSK（二级）
模拟考试 12

注　意

一、　HSK（二级）分两部分：

　　1. 听力(35题，约25分钟)

　　2. 阅读(25题，22分钟)

二、　听力结束后，有3分钟填写答题卡。

三、　全部考试约55分钟(含考生填写个人信息时间5分钟)。

一、听力
第一部分

第1-10题

例如：	(family image)	✓
	(bus image)	✗
1.		
2.		
3.		
4.		

第二部分

第11-15题

A

B

C

D

E

F

例如： 女： Nǐ xǐhuan shénme yùndòng?
　　　　你 喜欢 什么 运动？

　　　 男： Wǒ xǐhuan dǎ lánqiú.
　　　　我 喜欢 打 篮球。　　　　　　　　　　F

11.

12.

13.

14.

15.

第16-20题

A

B

C

D

E

16. ☐

17. ☐

18. ☐

19. ☐

20. ☐

第三部分

第21-30题

例如:
男: Xiǎo Wáng, zhèlǐ yǒu jǐ jiàn yīfu, nǎ jiàn shì nǐ de?
　　小王，这里有几件衣服，哪件是你的?

女: Zuǒbian nà jiàn hóngsè de shì wǒ de.
　　左边那件红色的是我的。

问: Xiǎo Wáng de yīfu shì shénme yánsè de?
　　小王的衣服是什么颜色的?

　　A hóngsè 红色 ✓　　B hēisè 黑色　　C báisè 白色

21. A zuótiān xiàwǔ 昨天 下午　　B míngtiān shàngwǔ 明天 上午　　C míngtiān xiàwǔ 明天 下午

22. A miàntiáo 面条　　B jīdàn 鸡蛋　　C mǐfàn 米饭

23. A 202　　B 306　　C 602

24. A liù yuè shíliù hào 六月 十六 号　　B liù yuè shíbā hào 六月 十八 号　　C liù yuè èrshíliù hào 六月 二十六 号

25. A hěn piàoliang 很 漂亮　　B hěn lěng 很 冷　　C hěn dà 很 大

26.
A xuéxiào 学校
B fàndiàn 饭店
C yīyuàn 医院

27.
A chīwán fàn 吃完饭
B dǎwán diànhuà 打完电话
C kànwán diànyǐng 看完电影

28.
A chuān yīfu 穿衣服
B hē shuǐ 喝水
C zuò fàn 做饭

29.
A kǎoshì 考试
B shuōhuà 说话
C xuéxí 学习

30.
A hēi bǐ 黑笔
B hóng bǐ 红笔
C bái bǐ 白笔

第四部分

第31-35题

例如：
女： Qǐng zài zhèr xiě nín de míngzi.
　　 请 在 这儿 写 您 的 名字。

男： Shì zhèr ma?
　　 是 这儿 吗？

女： Bú shì, shì zhèr.
　　 不 是， 是 这儿。

男： Hǎo, xièxie.
　　 好， 谢谢。

问： Nán de yào xiě shénme?
　　 男 的 要 写 什么？

A míngzi 名字 ✓　　B shíjiān 时间　　C fángjiān hào 房间 号

31. A mǎi chē 买 车　　B zǒulù shàngbān 走路 上班　　C zǎo yìdiǎnr chūmén 早 一点儿 出门

32. A pǎobù 跑步　　B yóuyǒng 游泳　　C zǒulù 走路

33. A jiā li méiyǒu 家 里 没有　　B kàn tā xiǎng kàn de diànshì 看 她 想 看 的 电视　　C bàba māma xǐhuan 爸爸 妈妈 喜欢

34. A shàng ge xīngqī 上 个 星期　　B shàng ge yuè 上 个 月　　C qùnián 去年

35. A chī fàn 吃 饭　　B kàn diànyǐng 看 电影　　C tiàowǔ 跳舞

二、阅读

第一部分

第36-40题

A．
B．
C．
D．
E．
F．

	Měi ge xīngqīrì, tā dōu qù yóuyǒng.	
例如：	每 个 星期日，他 都 去 游泳。	B

36. Kuài, zài kuài yìdiǎnr, qiú jìn le!
    快，再 快 一点儿，球 进 了！ □

37. Nǐ zǎoshang méi chī dōngxi, hē diǎnr niúnǎi ba.
    你 早上 没 吃 东西，喝 点儿 牛奶 吧。 □

38. Xiǎo māo chīwán dōngxi, jiù zài zhuōzi xiàmiàn shuì le.
    小 猫 吃完 东西，就 在 桌子 下面 睡 了。 □

39. Shuìjiào de shíhou, shǒujī bù néng lí de tài jìn.
    睡觉 的 时候，手机 不 能 离 得 太 近。 □

40. Qù xuéxiào nà tiān, māma gěile wǒ yìxiē qián.
    去 学校 那 天，妈妈 给了 我 一些 钱。 □

第二部分

第41-45题

| A 一下 (yíxià) | B 时候 (shíhou) | C 得 (de) | D 便宜 (piányi) | E 再 (zài) | F 可能 (kěnéng) |

例如：这儿 的 菜 很 好吃，也 很 (D)。
Zhèr de cài hěn hǎochī, yě hěn

41. 你 (   ) 往 前 走 一点儿，就 可以 看到 学校 旁边 的 那个 书店 了。
Nǐ wǎng qián zǒu yìdiǎnr, jiù kěyǐ kàndào xuéxiào pángbiān de nàge shūdiàn le.

42. 你 能 帮 我 看 (   ) 吗？这个 题 我 不 会 做。
Nǐ néng bāng wǒ kàn ma? Zhège tí wǒ bú huì zuò.

43. 天 阴 了，(   ) 要 下 雨 了，我们 快 回去 吧。
Tiān yīn le, yào xià yǔ le, wǒmen kuài huíqù ba.

44. 去年 这个 (   )，我 还 没 来 中国 呢。
Qùnián zhège wǒ hái méi lái Zhōngguó ne.

45. 他 写 (   ) 太 慢 了，到 现在 都 没 写完。
Tā xiě tài màn le, dào xiànzài dōu méi xiěwán.

第三部分

第46-50题

例如：
Xiànzài shì 11 diǎn 30 fēn, wǒmen kàn diànshì yǐjīng kànle 20 fēnzhōng le.
现在 是 11 点 30 分，我们 看 电视 已经 看了 20 分钟 了。

Tāmen 11 diǎn 10 fēn kāishǐ kàn diànshì de.
★ 他们 11 点 10 分 开始 看 电视 的。　　　　　　　(✓)

Tā huì chàng gē, dànshì chàng de bù zěnmeyàng.
他 会 唱 歌，但是 唱 得 不 怎么样。

Tā chàng de fēicháng hǎo.
★ 他 唱 得 非常 好。　　　　　　　　　　　　　　(✗)

46. Wǒ qù de shíhou, ménpiào dōu màiwán le. Dànshì wǒ néng zài diànshì shang kàn tāmen dǎ lánqiú.
我 去 的 时候，门票 都 卖完 了。但是 我 能 在 电视 上 看 他们 打 篮球。

Tā méi mǎidào piào.
★ 他 没 买到 票。　　　　　　　　　　　　　　　(　)

47. Wǒ juéde yángròu bù hǎochī, méiyǒu jīròu hǎochī, yě bǐ jīròu guì.
我 觉得 羊肉 不 好吃，没有 鸡肉 好吃，也 比 鸡肉 贵。

Jīròu bǐ yángròu piányi.
★ 鸡肉 比 羊肉 便宜。　　　　　　　　　　　　　(　)

48. Zhège Hànzì shì shénme yìsi, wǒ bù dǒng, nǐ néng gěi wǒ shuō yíxià ma?
这个 汉字 是 什么 意思，我 不 懂，你 能 给 我 说 一下 吗？

Tā zhīdào zhège Hànzì de yìsi.
★ 她 知道 这个 汉字 的 意思。　　　　　　　　　(　)

49. 你去过火车站吧？我现在住的宾馆就在它对面，很近的。

★ 他住的宾馆离火车站很远。　　　　（　　）

50. 今天我妹妹生病了，她没有去公司，她在家休息呢。

★ 今天妹妹去上班了。　　　　（　　）

第四部分

第51-55题

A 不客气，有什么问题再来问我。

B 她姓白，在饭店做服务员。

C 你今天穿得真漂亮。

D 今天老师有事，没有给学生上课。

E 我准备送她去机场。

F 张先生在家吗？

例如：在，他在房间里看书。 | F |

51. 这是我上星期新买的衣服。

52. 谢谢你今天帮我学汉语。

53. 下个星期她就要回国了。

54. 她姓什么？你知道吗？

55. 今天下午他们怎么没上课？

第56-60题：

A　　Wǒ yǒu shìqing yào gàosu tā.
　　我 有 事情 要 告诉 他。

B　　Wǒ qù Zhōngguó lǚyóu le, zài nàr wǒ chī le hǎochī de Zhōngguó cài.
　　我 去 中国 旅游 了，在 那儿 我 吃 了 好吃 的 中国 菜。

C　　Nín hǎo, hěn gāoxìng rènshi nǐ.
　　您 好，很 高兴 认识 你。

D　　Wǒmen yào tīng tā shuōwán, zhè duì wǒmen hěn yǒu bāngzhù.
　　我们 要 听 她 说完，这 对 我们 很 有 帮助。

E　　Tā xuéxí hǎo, zhè duì tā lái shuō méiyǒu wèntí.
　　他 学习 好，这 对 他 来 说 没有 问题。

56. Wǒ lái jièshào yíxià, zhè shì wǒ nǚ péngyǒu, Xiǎo Xuě.
　　我 来 介绍 一下，这 是 我 女 朋友， 小 雪。　□

57. Wǒ qùle Běijīng, hái jiànle wǒ de Zhōngguó péngyou.
　　我 去了 北京，还 见了 我 的 中国 朋友。　□

58. Nǐ kànjiàn Xiǎo Yǔ le ma? Tā zài nǎr?
　　你 看见 小 雨 了 吗? 他 在 哪儿?　□

59. Nǐ juéde tā huì zuò zhège tí ma?
　　你 觉得 他 会 做 这个 题 吗?　□

60. Nǐ búyào xiào, tā shuō de hěn duì.
　　你 不要 笑，她 说 得 很 对。　□

新汉语水平考试
HSK（二级）
模拟考试 13

注　意

一、　HSK（二级）分两部分：

　　1. 听力(35题，约25分钟)

　　2. 阅读(25题，22分钟)

二、　听力结束后，有3分钟填写答题卡。

三、　全部考试约55分钟(含考生填写个人信息时间5分钟)。

一、听力
第一部分

第1-10题

例如：	(一家人看书的图片)	✓
	(公共汽车的图片)	✗
1.	(天安门的图片)	
2.	(女子对着麦克风讲电话的图片)	
3.	(四个人坐在椅子上的图片)	
4.	(电脑的图片)	

第二部分

第11-15题

A [noodles]
B [taxi]
C [soccer ball]
D [phone]
E [sleeping child]
F [basketball]

例如： 女： Nǐ xǐhuan shénme yùndòng?
　　　　　你 喜欢 什么 运动?

　　　男： Wǒ xǐhuan dǎ lánqiú.
　　　　　我 喜欢 打 篮球。　　　　　F

11.

12.

13.

14.

15.

第16-20题

A
B
C
D
E

16. ☐

17. ☐

18. ☐

19. ☐

20. ☐

第三部分

第21-30题

例如：
男： Xiǎo Wáng, zhèlǐ yǒu jǐ jiàn yīfu, nǎ jiàn shì nǐ de?
　　　小 王， 这里 有 几 件 衣服， 哪 件 是 你 的？

女： Zuǒbian nà jiàn hóngsè de shì wǒ de.
　　　左边 那 件 红色 的 是 我 的。

问： Xiǎo Wáng de yīfu shì shénme yánsè de?
　　　小 王 的 衣服 是 什么 颜色 的？

hóngsè	hēisè	báisè
A 红色 ✓	B 黑色	C 白色

21. A 八 个 小时 (bā ge xiǎoshí)　　B 九 个 小时 (jiǔ ge xiǎoshí)　　C 十 个 小时 (shí ge xiǎoshí)

22. A 做 运动 (zuò yùndòng)　　B 休息 (xiūxi)　　C 睡觉 (shuìjiào)

23. A 张 (Zhāng)　　B 李 (Lǐ)　　C 王 (Wáng)

24. A 咖啡 (kāfēi)　　B 水 (shuǐ)　　C 牛奶 (niúnǎi)

25. A 公共汽车 晚 了 (gōnggòngqìchē wǎn le)　　B 飞机 晚 了 (fēijī wǎn le)　　C 下班 晚 了 (xiàbān wǎn le)

26. A 哥哥 gēge   B 姐姐 jiějie   C 弟弟 dìdi

27. A 九点零六分 jiǔ diǎn líng liù fēn   B 九点十五分 jiǔ diǎn shíwǔ fēn   C 九点十六分 jiǔ diǎn shíliù fēn

28. A 医生 yīshēng   B 老师 lǎoshī   C 学生 xuésheng

29. A 电话号 diànhuà hào   B 房间号 fángjiān hào   C 姓名 xìngmíng

30. A 回家 huí jiā   B 去学校 qù xuéxiào   C 去医院 qù yīyuàn

第四部分

第31-35题

例如：
女：Qǐng zài zhèr xiě nín de míngzi.
　　请 在 这儿 写 您 的 名字。

男：Shì zhèr ma?
　　是 这儿 吗？

女：Bú shì, shì zhèr.
　　不 是，是 这儿。

男：Hǎo, xièxie.
　　好，谢谢。

问：Nán de yào xiě shénme?
　　男 的 要 写 什么？

　A 名字 míngzi ✓　　B 时间 shíjiān　　C 房间号 fángjiān hào

31. A 是星期日 shì xīngqīrì　　B 上下班时间 shàng-xiàbān shíjiān　　C 在火车站旁边 zài huǒchēzhàn pángbiān

32. A 晴天 qíng tiān　　B 阴天 yīn tiān　　C 雨天 yǔ tiān

33. A 明天上午 míngtiān shàngwǔ　　B 明天下午 míngtiān xiàwǔ　　C 明天晚上 míngtiān wǎnshang

34. A 一块钱两个 yí kuài qián liǎng ge　　B 两块钱一个 liǎng kuài qián yí ge　　C 三块钱一个 sān kuài qián yí ge

35. A 离机场近 lí jīchǎng jìn　　B 离学校近 lí xuéxiào jìn　　C 离火车站近 lí huǒchēzhàn jìn

二、阅读

第一部分

第36-40题

A	B
C	D
E	F

例如：Měi ge xīngqīrì, tā dōu qù yóuyǒng.
每 个 星期日，他 都 去 游泳。 **B**

36. Zhè shì tā tiàowǔ shí chuān de yīfu.
    这 是 她 跳舞 时 穿 的 衣服。

37. Děng yíhuìr zài chī, wǒ hái méi xǐ ne.
    等 一会儿 再 吃，我 还 没 洗 呢。

38. Yí ge xīngqī zuì shǎo yào pǎo sān cì.
    一 个 星期 最 少 要 跑 三 次。

39. Kuài jìnlái, wàibian tài lěng le.
    快 进来，外边 太 冷 了。

40. Xiǎo Míng, nǐ zài nǎge jiàoshì shàngkè?
    小明，你 在 哪个 教室 上课？

第二部分

第41-45题

	yě		de		tài		piányi		dànshì		shǎo
A	也	B	得	C	太	D	便宜	E	但是	F	少

例如： Zhèr de cài hěn hǎochī, yě hěn
这儿 的 菜 很 好吃， 也 很 （ D ）。

41. Nǐ nǚ'ér kǎoshì kǎo zěnmeyàng?
你 女儿 考试 考（ ）怎么样？

42. Mǎlì huì shuō Hànyǔ, tā de nán péngyou huì shuō Hànyǔ.
玛丽 会 说 汉语， 她 的 男 朋友（ ）会 说 汉语。

43. Wǒ de shū le yì běn, nǐ kànjiàn wǒ de shū le ma?
我 的 书（ ）了 一 本， 你 看见 我 的 书 了 吗？

44. Jīntiān rè le, wǒmen búyào chūqù le.
今天（ ）热 了， 我们 不要 出去 了。

45. Zhège diànnǎo hěn hǎo, tài guì le.
这个 电脑 很 好，（ ）太 贵 了。

第三部分

第46-50题

例如：
Xiànzài shì 11 diǎn 30 fēn, wǒmen kàn diànshì yǐjīng kànle 20 fēnzhōng le.
现在 是 11 点 30 分，我们 看 电视 已经 看了 20 分钟 了。

Tāmen 11 diǎn 10 fēn kāishǐ kàn diànshì de.
★ 他们 11 点 10 分 开始 看 电视 的。　　　　　　　（ ✓ ）

Tā huì chàng gē, dànshì chàng de bù zěnmeyàng.
他 会 唱 歌，但是 唱 得 不 怎么样。

Tā chàng de fēicháng hǎo.
★ 他 唱 得 非常 好。　　　　　　　　　　　　　　（ ✗ ）

46. Wǒ zuótiān xiàwǔ qù dǎ lánqiú le, wǎnshang xiǎng kàn diànyǐng, dànshì méiyǒu hǎo diànyǐng.
我 昨天 下午 去 打 篮球 了，晚上 想 看 电影，但是 没有 好 电影。

Wǒ zuótiān kàn diànyǐng le.
★ 我 昨天 看 电影 了。　　　　　　　　　　　　（ 　 ）

47. Māma měi cì mǎi xīguā, dōu gěi dìdi yí dà kuài, yīnwèi dìdi yí kànjiàn xīguā jiù gāoxìng.
妈妈 每 次 买 西瓜，都 给 弟弟 一 大 块，因为 弟弟 一 看见 西瓜 就 高兴。

Dìdi ài chī xīguā.
★ 弟弟 爱 吃 西瓜。　　　　　　　　　　　　　　（ 　 ）

48. Jīntiān lùshang chē hěn duō, gōnggòngqìchē kāi de hěn màn, wǒ wǎnshang bā diǎn hái méi dào jiā.
今天 路上 车 很 多，公共汽车 开 得 很 慢，我 晚上 八 点 还 没 到 家。

Wǒ wǎnshang liù diǎn dào jiā de.
★ 我 晚上 六 点 到 家 的。　　　　　　　　　　　（ 　 ）

49. 那件红色的衣服是我妈妈新买的，她昨天第一次穿。

   ★ 妈妈新买了一件红色的衣服。　　　　（　　）

50. 这次旅游，我第一个星期住宾馆，第二个星期有三天住朋友家，还有四天在船上。

   ★ 我去了七天。　　　　　　　　　　　（　　）

第四部分

第51-55题

A 坐在你丈夫身边的那个孩子是谁？

B 她从五岁开始学写字，写到现在。

C 是的，请你帮我看一下这个题。

D 小猫和小狗，你喜欢哪个？

E 今天公共汽车上的人真多！为什么？

F 张先生在家吗？

例如：在，他在房间里看书。 **F**

51. 那是我的小女儿，她叫玛丽。

52. 我都不喜欢。

53. 听小红说你有问题要问我，是吗？

54. 你看，那个女同学字写得真漂亮！

55. 你不知道吗，今天是休息日。

第56-60题：

A　Wǒ juéde míngtiān kěnéng yào xià yǔ.
　我 觉得 明天 可能 要 下 雨。

B　Zhè shì nǐ xīn mǎi de diànnǎo ma?
　这 是 你 新 买 的 电脑 吗?

C　Dàwèi, nǐ xiànzài Hànyǔ xué de zěnmeyàng?
　大卫, 你 现在 汉语 学 得 怎么样?

D　Hǎo de, wǒ huì mànmàn kāi de.
　好 的, 我 会 慢慢 开 的。

E　Lǐ xiānsheng, gěi nǐ jièshào yíxià, zhè shì Wáng lǎoshī.
　李 先生, 给 你 介绍 一下, 这 是 王 老师。

56. Shí duō tiān méiyǒu xià yǔ le, tiānqì tài rè le.
　　十 多 天 没有 下 雨 了, 天气 太 热 了。　□

57. Hái kěyǐ, wǒ xiànzài yě xué huì le hěn duō Hànzì.
　　还 可以, 我 现在 也 学 会 了 很 多 汉字。　□

58. Gēge, zǎoshang xià xuě le, nǐ yíhuìr shàngbān màn diǎnr kāichē.
　　哥哥, 早上 下 雪 了, 你 一会儿 上班 慢 点儿 开车。　□

59. Shì de, wǒ zhè cì kǎoshì kǎo de hěn hǎo, wǒ bàba sònggěi wǒ de.
　　是 的, 我 这 次 考试 考 得 很 好, 我 爸爸 送给 我 的。　□

60. Nín hǎo, Wáng lǎoshī.
　　您 好, 王 老师。　□

新汉语水平考试
HSK（二级）
模拟考试 14

注　意

一、　HSK（二级）分两部分：

　　1. 听力(35题，约25分钟)

　　2. 阅读(25题，22分钟)

二、　听力结束后，有3分钟填写答题卡。

三、　全部考试约55分钟(含考生填写个人信息时间5分钟)。

一、听力

第一部分

第1-10题

例如：		✓
		✗
1.		
2.		
3.		
4.		

5.		
6.		
7.		
8.		
9.		
10.		

第二部分

第11-15题

A

B

C

D

E

F

例如： 女： Nǐ xǐhuan shénme yùndòng?
你 喜欢 什么 运动?

男： Wǒ xǐhuan dǎ lánqiú.
我 喜欢 打 篮球。   F

11.

12.

13.

14.

15.

第16-20题

16. ☐

17. ☐

18. ☐

19. ☐

20. ☐

第三部分

第21-30题

例如：
男： Xiǎo Wáng, zhèlǐ yǒu jǐ jiàn yīfu, nǎ jiàn shì nǐ de?
　　 小 王， 这里 有 几 件 衣服， 哪 件 是 你 的？

女： Zuǒbian nà jiàn hóngsè de shì wǒ de.
　　 左边 那 件 红色 的 是 我 的。

问： Xiǎo Wáng de yīfu shì shénme yánsè de?
　　 小 王 的 衣服 是 什么 颜色 的？

　　 hóngsè　　　　　　　　hēisè　　　　　　　　báisè
　A 红色 ✓　　　　　　B 黑色　　　　　　　C 白色

21.　xīguā　　　　　　　　píngguǒ　　　　　　　mǐfàn
　A 西瓜　　　　　　　B 苹果　　　　　　　C 米饭

22.　shàngkè　　　　　　　lǚyóu　　　　　　　pǎobù
　A 上课　　　　　　　B 旅游　　　　　　　C 跑步

23.　zhǎo rén　　　　　　kàn péngyou　　　　　kànbìng
　A 找 人　　　　　　B 看 朋友　　　　　C 看病

24.　tā de péngyou　　　　tā de mèimei　　　　tā de jiějie
　A 她 的 朋友　　　　B 她 的 妹妹　　　　C 她 的 姐姐

25.　zúqiú　　　　　　　　lánqiú　　　　　　　qiānbǐ
　A 足球　　　　　　　B 篮球　　　　　　　C 铅笔

26. A 近的 jìn de   B 便宜的 piányi de   C 大的 dà de

27. A 休息 xiūxi   B 看书 kàn shū   C 做菜 zuò cài

28. A 开会 kāihuì   B 跑步 pǎobù   C 游泳 yóuyǒng

29. A 吃饭 chī fàn   B 唱歌 chàng gē   C 跳舞 tiàowǔ

30. A 304   B 403   C 504

第四部分

第31-35题

例如： 女： Qǐng zài zhèr xiě nín de míngzi.
　　　　 请 在 这儿 写 您 的 名字。

　　　　 男： Shì zhèr ma?
　　　　　　 是 这儿 吗？

　　　　 女： Bú shì, shì zhèr.
　　　　　　 不 是，是 这儿。

　　　　 男： Hǎo, xièxie.
　　　　　　 好，谢谢。

　　　　 问： Nán de yào xiě shénme?
　　　　　　 男 的 要 写 什么？

　　　　 A 名字 míngzi ✓　　　B 时间 shíjiān　　　C 房间号 fángjiān hào

31. A 黑色 hēisè　　　B 红色 hóngsè　　　C 白色 báisè

32. A 晴天 qíng tiān　　　B 阴天 yīn tiān　　　C 雨天 yǔ tiān

33. A 昨天 zuótiān　　　B 今天 jīntiān　　　C 明天 míngtiān

34. A 有点儿小 yǒudiǎnr xiǎo　　　B 有点儿冷 yǒudiǎnr lěng　　　C 有点儿热 yǒudiǎnr rè

35. A 三月六号 sān yuè liù hào　　　B 四月六号 sì yuè liù hào　　　C 六月四号 liù yuè sì hào

二、阅读

第一部分

第36-40题

A

B

C

D

E

F

例如： Měi ge xīngqīrì, tā dōu qù yóuyǒng.
每 个 星期日，他 都 去 游泳。   B

36. Māma shuō, chīwán fàn zuìhǎo búyào zuò yùndòng.
妈妈 说，吃完 饭 最好 不要 做 运动。

37. Zhège shíhou qù bú tài hǎo, tā kěnéng zài shuìjiào.
这个 时候 去 不 太 好，她 可能 在 睡觉。

38. Nǐ hǎo, qǐngwèn xǐ liǎng jiàn yīfu yào duōshao qián?
你 好，请问 洗 两 件 衣服 要 多少 钱？

39. Tā yǐjīng wǔshí suì le, kànzhe hái hěn piàoliang.
她 已经 五十 岁 了，看着 还 很 漂亮。

40. Tā xiàozhe shuō: "Xīwàng wǒ shēngrì nà tiān tā néng lái".
她 笑着 说："希望 我 生日 那 天 他 能 来"。

第二部分

第41-45题

A 过　　B 就　　C 太　　D 便宜　　E 都　　F 所以

例如：这儿的菜很好吃，也很（ D ）。

41. 我哪儿（　）不想去，就想在这儿坐着。

42. （　）要开学了，我想见同学。

43. 我没吃（　）这家饭馆的菜，不知道好吃不好吃。

44. 今天（　）热了，就在家休息吧。

45. 因为今天下雪了，（　）路上的车开得都很慢。

第三部分

第46-50题

例如：现在 是 11 点 30 分，我们 看 电视 已经 看了 20 分钟 了。

★ 他们 11 点 10 分 开始 看 电视 的。　　　　　　（ ✓ ）

他 会 唱 歌，但是 唱 得 不 怎么样。

★ 他 唱 得 非常 好。　　　　　　（ ✗ ）

46. 爸爸 一 到 家 就 回 房间 休息 了，可能 太 累 了，我们 到 外面 说话 吧。

★ 爸爸 正在 工作。　　　　　　（　　）

47. 虽然 李 老师 不 太 高，但是 她 的 丈夫 很 高，所以 她 的 儿子 也 很 高。

★ 李 老师 的 儿子 很 高。　　　　　　（　　）

48. 女儿 从 很 小 的 时候 就 开始 学 做饭 了，她 每 个 星期六 都 给 我们 做 好吃 的 菜。

★ 女儿 能 做 好吃 的 菜。　　　　　　（　　）

49. 李小姐，我要等一个电话，你去吃饭的时候能帮我买一点儿吃的吗？

★ 我要和李小姐去吃饭。　　　　　　　　（　　）

50. 这家公司是朋友介绍我去的，但是他现在去北京了，我也想去一个大公司。

★ 现在我和朋友在一起工作。　　　　　　（　　）

第四部分

第51-55题

A 小红，走路的时候不要玩手机。

B 我已经好多了，谢谢你。

C 我觉得非常好吃，下星期日我可以再来吗？

D 已经买好了，早一点儿买便宜。

E 颜色还可以，会不会有点儿小呢？

F 张先生在家吗？

例如：在，他在房间里看书。 F

51. 你看这件怎么样，我觉得很好看。

52. 你什么时候回国？你的机票买了吗？

53. 喂，听说你住院了，身体好点儿了吗？

54. 小高，我妈妈做的菜怎么样？

55. 好的，妈妈，我不会再玩了。

第56-60题：

A 　Dàwèi jīntiān méiyǒu lái kāihuì.
　　大卫 今天 没有 来 开会。

B 　Zuǒbian de shí kuài, yòubian de shíwǔ kuài.
　　左边 的 十 块，右边 的 十五 块。

C 　Tā gōngzuò de nàge bīnguǎn hěn hǎo, yě hěn guì.
　　她 工作 的 那个 宾馆 很 好，也 很 贵。

D 　Wǒ gěi nǐ jièshào yíxià, zhè shì wǒmen bān de xīn tóngxué.
　　我 给 你 介绍 一下，这 是 我们 班 的 新 同学。

E 　Méi wèntí, sòngdào nǎlǐ?
　　没 问题，送到 哪里？

56. 　Lǐ lǎoshī, tā shì nǎge bān de?
　　李 老师，他 是 哪个 班 的？

57. 　Tā xiànzài shì nàr de fúwùyuán.
　　她 现在 是 那儿 的 服务员。

58. 　Nǐ néng bāng wǒ sòng yí jiàn dōngxi ma?
　　你 能 帮 我 送 一 件 东西 吗？

59. 　Qǐngwèn zhèxiē yú zěnme mài?
　　请问 这些 鱼 怎么 卖？

60. 　Tā zuótiān bìng le, kěnéng hái méi hǎo.
　　他 昨天 病 了，可能 还 没 好。

新汉语水平考试
HSK（二级）
模拟考试 15

注　意

一、　HSK（二级）分两部分：

　　1. 听力(35题，约25分钟)

　　2. 阅读(25题，22分钟)

二、　听力结束后，有3分钟填写答题卡。

三、　全部考试约55分钟(含考生填写个人信息时间5分钟)。

一、听力

第一部分

第1-10题

例如：		✓
		✗
1.		
2.		
3.		
4.		

第二部分

第11-15题

A	(图)	B	(图)
C	(图)	D	(图)
E	(图)	F	(图)

例如： 女： Nǐ xǐhuan shénme yùndòng?
你 喜欢 什么 运动？

男： Wǒ xǐhuan dǎ lánqiú.
我 喜欢 打 篮球。   [F]

11. □

12. □

13. □

14. □

15. □

第16-20题

A

B

C

D

E

16. ☐

17. ☐

18. ☐

19. ☐

20. ☐

第三部分

第21-30题

例如： 男： Xiǎo Wáng, zhèlǐ yǒu jǐ jiàn yīfu, nǎ jiàn shì nǐ de?
小 王，这里 有 几 件 衣服，哪 件 是 你 的？

女： Zuǒbian nà jiàn hóngsè de shì wǒ de.
左边 那 件 红色 的 是 我 的。

问： Xiǎo Wáng de yīfu shì shénme yánsè de?
小 王 的 衣服 是 什么 颜色 的？

A hóngsè 红色 ✓   B hēisè 黑色   C báisè 白色

21. A shàngkè 上课   B chàng gē 唱 歌   C tīng gē 听 歌

22. A zúqiú 足球   B yīfu 衣服   C lánqiú 篮球

23. A duō mǎi xiē 多 买 些   B shǎo mǎi xiē 少 买 些   C bié mǎi 别 买

24. A 201 hào 号   B 202 hào 号   C 203 hào 号

25. A hóngsè 红色   B hēisè 黑色   C báisè 白色

26. A 六点的   B 七点的   C 八点的

27. A 公司   B 饭店   C 商店

28. A 衣服太少   B 时间太少   C 运动太少

29. A 九点   B 九点五十   C 十点

30. A 阴天   B 下雨   C 下雪

第四部分

第31-35题

例如： 女： Qǐng zài zhèr xiě nín de míngzi.
请 在 这儿 写 您 的 名字。

男： Shì zhèr ma?
是 这儿 吗？

女： Bú shì, shì zhèr.
不 是，是 这儿。

男： Hǎo, xièxie.
好，谢谢。

问： Nán de yào xiě shénme?
男 的 要 写 什么？

A míngzi 名字 ✓ B shíjiān 时间 C fángjiān hào 房间 号

31. A tóngxué 同学 B péngyou 朋友 C lǎoshī 老师

32. A yǒu gōngzuò 有 工作 B kàn diànshì 看 电视 C wán shǒujī 玩 手机

33. A bú huì dú 不 会 读 B xiě de hǎo 写 得 好 C shuō de hǎo 说 得 好

34. A huǒchēzhàn 火车站 B jīchǎng 机场 C gōnggòngqìchēzhàn 公共汽车站

35. A 25 suì 岁 B 28 suì 岁 C 30 suì 岁

二、阅读

第一部分

第36-40题

A

B

C

D

E

F

例如： Měi ge xīngqīrì, tā dōu qù yóuyǒng.
每 个 星期日，他 都 去 游泳。 B

36. Fúwùyuán, wǒmen hái xiǎng yào yí ge cài.
服务员，我们 还 想 要 一 个 菜。

37. Wǒ lái jièshào yíxià, zhè shì wǒmen gōngsī de Xiǎo Zhāng.
我 来 介绍 一下，这 是 我们 公司 的 小 张。

38. Zhè lǐmiàn yǒu nǐ zuì ài chī de shuǐguǒ.
这 里面 有 你 最 爱 吃 的 水果。

39. Wǒ qù xǐxi shǒu, bāng nǐ yìqǐ zuò.
我 去 洗洗 手，帮 你 一起 做。

40. Wǒ xīwàng míngtiān shì qíng tiān, yīnwèi wǒmen yào qù lǚyóu.
我 希望 明天 是 晴天，因为 我们 要 去 旅游。

第二部分

第41-45题

A 完　　B 块　　C 一起　　D 便宜　　E 正在　　F 可能

例如：这儿的菜很好吃，也很（ D ）。

41. 快十点了，今天她（　）不来了。

42. 再怎么忙，也要看（　）这本书。

43. 我希望我们一家人可以在（　）。

44. 这些鱼二十（　）钱。

45. 男：请问王老师在吗？
　　女：她（　）开会，您有什么事情吗？

第三部分

第46-50题

例如：
Xiànzài shì 11 diǎn 30 fēn, wǒmen kàn diànshì yǐjīng kànle 20 fēnzhōng le.
现在 是 11 点 30 分，我们 看 电视 已经 看了 20 分钟 了。

Tāmen 11 diǎn 10 fēn kāishǐ kàn diànshì de.
★ 他们 11 点 10 分 开始 看 电视 的。　　　　　　(✓)

Tā huì chàng gē, dànshì chàng de bù zěnmeyàng.
他 会 唱 歌，但是 唱 得 不 怎么样。

Tā chàng de fēicháng hǎo.
★ 他 唱 得 非常 好。　　　　　　　　　　　　(✗)

46. Tā zuò de miàntiáo hěn hǎochī, dànshì gōngzuò tài máng le, méiyǒu shíjiān zuò.
他 做 的 面条 很 好吃，但是 工作 太 忙 了，没有 时间 做。

Tā bú huì zuò miàntiáo.
★ 他 不 会 做 面条。　　　　　　　　　　　　( )

47. Wǒ xǐhuan hē niúnǎi, wǒ de zhàngfu xǐhuan hē kāfēi, měi tiān zǎoshang qǐlái
我 喜欢 喝 牛奶，我 的 丈夫 喜欢 喝 咖啡，每 天 早上 起来
dōu huì hē yì bēi kāfēi.
都 会 喝 一 杯 咖啡。

Wǒ juéde niúnǎi hǎohē.
★ 我 觉得 牛奶 好喝。　　　　　　　　　　　　( )

48. hào fángjiān hěn dà, bǐ zuǒbian nàge dà hěn duō, dànshì tā hái bú shì
209 号 房间 很 大，比 左边 那个 大 很 多，但是 它 还 不 是
zhèlǐ zuì dà de.
这里 最 大 的。

hào fángjiān shì zuì dà de.
★ 209 号 房间 是 最 大 的。　　　　　　　　　　( )

49. Bù néng xiǎng shuō shénme jiù shuō shénme, yǒu xiē huà yào xiǎngyixiǎng zài shuō.
　　不能 想 说 什么 就 说 什么，有 些 话 要 想一想 再 说。

　　Shénme dōu kěyǐ shuō.
　★什么 都 可以 说。　　　　　　　　　　（　　）

50. Wǒ hé tóngxué zǎoshang chūqù, wǎnshang huílái de, suīrán wán de hěn lèi,
　　我 和 同学 早上 出去，晚上 回来 的，虽然 玩 得 很 累，
　　dànshì hěn gāoxìng.
　　但是 很 高兴。

　　Wǒmen jīntiān wán de shíjiān bù cháng.
　★我们 今天 玩 的 时间 不 长。　　　　（　　）

第四部分

第51-55题

A 明天回家的时候我给你买一些，还要别的吗？

B 没关系，多做几次就能做对。

C 生日快乐！

D 我会，老师。

E 过了前面那个商店就到了。

F 张先生在家吗？

例如：在，他在房间里看书。 | F |

51. 今天是我爸爸的生日。 | |

52. 这个题谁会？ | |

53. 请问您知道医院怎么走吗？ | |

54. 我的铅笔快没有了。 | |

55. 这个题又做错了。 | |

第56-60题：

A　Nǐ yǐjīng kànle liǎng ge xiǎoshí le.
　你 已经 看 了 两 个 小时 了。

B　Huìbuhuì tài duō le, zài wèn yíxià yīshēng ba.
　会 不 会 太 多 了，再 问 一下 医生 吧。

C　Tā jiào Lǐ Hóng, tā shì wǒ mèimei de tóngxué.
　她 叫 李 红，她 是 我 妹妹 的 同学。

D　Wǒ juéde tā shuō de duì.
　我 觉得 他 说 得 对。

E　Suǒyǐ wǒ zhǔnbèi zuò huǒchē qù, jiù sān ge xiǎoshí, huǒchē piào hái hěn piányi.
　所以 我 准备 坐 火车 去，就 三 个 小时，火车 票 还 很 便宜。

56. Yīshēng shuō zhège yào yì tiān chī wǔ cì.
　　医生 说 这个 药 一 天 吃 五 次。　　□

57. Nǐ rènshi tā ma?
　　你 认识 她 吗？　　□

58. Cháng shíjiān kàn diànshì duì yǎnjing bù hǎo.
　　长 时间 看 电视 对 眼睛 不 好。　　□

59. Wǒ jiā lí Běijīng bú tài yuǎn.
　　我 家 离 北京 不 太 远。　　□

60. Yào xiǎng shēntǐ hǎo, wǒmen yào zǎo diǎn shuìjiào, zǎo diǎn qǐchuáng.
　　要 想 身体 好，我们 要 早 点 睡觉，早 点 起床。　　□

HSK 모의고사 제1회 답안

一. 听力

1. √ 2. × 3. × 4. × 5. √
6. √ 7. × 8. × 9. √ 10. ×
11. A 12. C 13. E 14. B 15. D
16. B 17. C 18. E 19. A 20. D
21. A 22. B 23. A 24. A 25. C
26. A 27. B 28. A 29. A 30. B
31. C 32. C 33. A 34. B 35. B

二. 阅读

36. E 37. C 38. A 39. F 40. D
41. A 42. C 43. B 44. F 45. E
46. √ 47. × 48. × 49. × 50. √
51. A 52. C 53. B 54. D 55. E
56. B 57. A 58. D 59. C 60. E

新 HSK 모의고사 제1회 듣기 대본

Dì-yī bùfen
第一 部分

Yígòng ge tí, měi tí tīng liǎng cì.
一共 10 个 题，每 题 听 两 次。

Lìrú: Wǒ jiā yǒu sān kǒu rén.
例如： 我 家 有 三 口 人。

Wǒ měi tiān zuò dìtiě qù shàngbān.
我 每 天 坐 地铁 去 上班。

Xiànzài kāishǐ dì tí:
现在 开始 第 1 题：

Zhèxiē bàozhǐ shì qùnián de.
1. 这些 报纸 是 去年 的。

Wǒ gēge lánqiú dǎ de hěn hǎo.
2. 我 哥哥 篮球 打 得 很 好。

Mèimei zài yǐzi shang zuòzhe.
3. 妹妹 在 椅子 上 坐着。

Zhège fángjiān li yǒu liǎng ge xiǎo gǒu.
4. 这个 房间 里 有 两 个 小 狗。

Māma, wǒ è le.
5. 妈妈，我 饿 了。

Xuéshengmen kǎo de hěn hǎo, lǎoshī xiào le.
6. 学生们 考 得 很 好，老师 笑 了。

Hěn wǎn le, tāmen yǐjīng xiūxi le.
7. 很 晚 了，他们 已经 休息 了。

Huānyíng nǐ dào wǒmen xuéxiào lái.
8. 欢迎 你 到 我们 学校 来。

Wǒ xīwàng míngtiān xià xuě.
9. 我 希望 明天 下 雪。

Wǒ bàba de gōngsī diǎn shàngbān.
10. 我 爸爸 的 公司 9 点 上班。

Dì-èr bùfen
第二 部分

Yígòng ge tí, měi tí tīng liǎng cì.
一共 10 个 题，每 题 听 两 次。

Lìrú: Nǐ xǐhuan shénme yùndòng?
例如： 男：你 喜欢 什么 运动？

Wǒ xǐhuan dǎ lánqiú.
女：我 喜欢 打 篮球。

Xiànzài kāishǐ dì dào tí:
现在 开始 第 11 到 15 题：

Bié kàn diànshì le, xiūxi yíxià.
11. 女：别 看 电视 了，休息 一下。

Hǎo ba.
男：好 吧。

Kuài qǐchuáng, yào chī fàn le.
12. 男：快 起床，要 吃 饭 了。

Wǒ shēngbìng le, bù xiǎng chī.
女：我 生病 了，不 想 吃。

Jīntiān zhēn shì kuàilè de yì tiān!
13. 男：今天 真 是 快乐 的 一 天！

Shì de, néng chūlái lǚyóu tài hǎo le!
女：是 的，能 出来 旅游 太 好 了！

Zhè cì kǎoshì, nǐ kǎo de zěnmeyàng?
14. 女：这 次 考试，你 考 得 怎么样？

Yǒu hěn duō tí bú huì zuò.
男：有 很 多 题 不 会 做。

Zhè liǎng ge yánsè, wǒ chuān nǎge hǎo?
15. 男：这 两 个 颜色，我 穿 哪个 好？

Wǒ kàn hēi de bǐ bái de hǎokàn.
女：我 看 黑 的 比 白 的 好看。

Xiànzài kāishǐ dì dào tí:
现在 开始 第 16 到 20 题：

16. 男：Nǐ wèi shénme bù hé wǒmen yìqǐ qù?
    你为什么不和我们一起去？
    女：Yīnwèi wǒ tài lèi le.
    因为我太累了。

17. 男：Duìbuqǐ, nǐ dǎ diànhuà de shíhou, wǒ kěnéng pǎobù qù le.
    对不起，你打电话的时候，我可能跑步去了。
    女：Méi guānxi.
    没关系。

18. 男：Nǐ jiā lí zhèr yuǎn ma?
    你家离这儿远吗？
    女：Bú tài yuǎn, zuò gōnggòngqìchē èrshí fēnzhōng jiù dào le.
    不太远，坐公共汽车二十分钟就到了。

19. 男：Chuánpiào mǎi le ma?
    船票买了吗？
    女：Méiyǒu. Wǒ māma shēntǐ bú tài hǎo, wǒ mǎile liǎng zhāng fēijīpiào.
    没有。我妈妈身体不太好，我买了两张飞机票。

20. 男：Nǐ péngyou zhèngzài děng nǐ ne.
    你朋友正在等你呢。
    女：Shì ma? Tā lái de zhēn zǎo!
    是吗？他来得真早！

Dì-sān bùfen
第三部分

Yígòng 10 ge tí, měi tí tīng liǎng cì.
一共10个题，每题听两次。

例如：Lìrú:
男：Xiǎo Wáng, zhèlǐ yǒu jǐ jiàn yīfu, nǎge shì nǐ de?
小王，这里有几件衣服，哪个是你的？
女：Zuǒbian nà jiàn hóngsè de shì wǒ de.
左边那件红色的是我的。
问：Xiǎo Wáng de yīfu shì shénme yánsè de?
小王的衣服是什么颜色的？

Xiànzài kāishǐ dì 21 tí:
现在开始第21题：

21. 男：Tīngshuō míngtiān shì qíng tiān!
   听说 明天 是 晴天!
   女：Tài hǎo le, zuótiān hé qiántiān dōu shì yīn tiān.
   太好了，昨天 和 前天 都 是 阴天。
   问：Zuótiān tiānqì zěnmeyàng?
   昨天 天气 怎么样?

22. 男：Fúwùyuán, zài lái yí fèn yángròu.
   服务员，再 来 一 份 羊肉。
   女：Tài duō le ba?
   太多了吧?
   问：Tāmen kěnéng zài nǎr?
   他们 可能 在 哪儿?

23. 男：Nǐ zěnme láiwǎn le?
   你 怎么 来晚 了?
   女：Wǒ de biǎo mànle shíwǔ fēnzhōng.
   我 的 表 慢了 十五 分钟。
   问：Nǚ de wèi shénme láiwǎn le?
   女 的 为 什么 来晚 了?

24. 男：Zhè shì wǒ de dìdi Xiǎo Péng, qǐng dàjiā duōduō bāngzhù.
   这 是 我 的 弟弟 小 朋，请 大家 多多 帮助。
   女：Bié kèqi.
   别 客气。
   问：Xiǎo Péng shì tā de shénme rén?
   小 朋 是 他 的 什么 人?

25. 男：Xiǎo Zhāng, nǐ shì shénme shíhou huí guó de?
   小 张，你 是 什么 时候 回 国 的?
   女：yuè hào.
   10 月 24 号。
   问：Nǚ de jǐ yuè jǐ hào huí guó de?
   女 的 几 月 几 号 回 国 的?

26. 男：教室里在上课呢，所以你不能进去。
    女：好吧，下课我再来。
    问：教室里现在在做什么？

27. 男：你是第一次来北京吗？
    女：不是，我来过一次！
    问：女的第几次来北京？

28. 男：鸡蛋怎么卖？
    女：4块钱一斤。
    问：鸡蛋多少钱一斤？

29. 男：同学们，还有问题吗？
    女：老师，第七题是什么意思，我不懂。
    问：男的是做什么的？

30. 男：医生让你女儿多吃水果，对不对？
    女：是的，但是，她不听。
    问：听完对话，我们知道她女儿怎么样？

第四部分
Dì-sì bùfen

Yígòng 5 ge tí, měi tí tīng liǎng cì.
一共 5 个 题，每 题 听 两 次。

Lìrú:
例如： 女：Qǐng zài zhèr xiě nín de diànhuà hàomǎ.
请 在 这儿 写 您 的 电话 号码。

男：Shì zhèr ma?
是 这儿 吗？

女：Bú shì, shì zhèr.
不 是，是 这儿。

男：Hǎo, xièxie.
好，谢谢。

问：Nán de yào xiě shénme?
男 的 要 写 什么？

Xiànzài kāishǐ dì 31 tí:
现在 开始 第 31 题：

31. 女：Zhè shì nín yào de kāfēi, duì ma?
这 是 您 要 的 咖啡，对 吗？

男：Bù, kāfēi shì tā de.
不，咖啡 是 她 的。

女：Nín yào shénme?
您 要 什么？

男：Wǒ yào hóngchá.
我 要 红茶。

问：Nán de yào shénme?
男 的 要 什么？

32. 男：Xiǎo Hóng, nàge rén nǐ rènshi ma?
小红，那个 人 你 认识 吗？

女：Rènshi.
认识。

男：Tā shì shéi?
他 是 谁？

女：Shì wǒ jiějie de nán péngyou.
是 我 姐姐 的 男 朋友。

问：Nàge rén shì Xiǎo Hóng de shénme rén?
那个 人 是 小红 的 什么 人？

33. 男：Nà jiā fàndiàn de diànhuà, nǐ zhīdào ma?
    那 家 饭店 的 电话，你 知道 吗?

    女：Wǒ zhīdào, 85662312。
    我 知道，85662312。

    男：Wǒ xiě yíxià, 85662312, duì ma?
    我 写 一下，85662312，对 吗?

    女：Duì.
    对。

    问：Nà jiā fàndiàn de diànhuà shì duōshao?
    那 家 饭店 的 电话 是 多少?

34. 男：Nǐ zhè jiàn yīfu shì xīn mǎi de ba?
    你 这 件 衣服 是 新 买 的 吧?

    女：Bú shì, shì qùnián mǎi de.
    不 是，是 去年 买 的。

    男：Shì ma? Bù piányi ba?
    是 吗? 不 便宜 吧?

    女：Shì bù piányi, yìqiān duō kuài.
    是 不 便宜，一千 多 块。

    问：Tīngwán duìhuà, wǒmen zhīdào nǚrén de yīfu zěnmeyàng?
    听完 对话，我们 知道 女人 的 衣服 怎么样?

35. 男：Nǐ zhàngfu shénme shíhou zǒu de?
    你 丈夫 什么 时候 走 的?

    女：Xiàwǔ liǎng diǎn.
    下午 两 点。

    男：Tā shuō shénme shíhou huílái?
    他 说 什么 时候 回来?

    女：Tā shuō liǎng ge xiǎoshí hòu huílái.
    他 说 两 个 小时 后 回来。

    问：Tā zhàngfu shuō tā jǐ diǎn huílái?
    她 丈夫 说 他 几 点 回来?

HSK 모의고사 제2회 답안

一. 听力

1. ✕	2. √	3. √	4. √	5. ✕
6. √	7. ✕	8. ✕	9. √	10. √
11. C	12. E	13. D	14. A	15. B
16. B	17. A	18. D	19. C	20. E
21. A	22. B	23. A	24. C	25. B
26. B	27. C	28. A	29. B	30. A
31. C	32. B	33. A	34. A	35. C

二. 阅读

36. A	37. F	38. E	39. D	40. C
41. B	42. A	43. C	44. F	45. E
46. ✕	47. ✕	48. ✕	49. √	50. √
51. B	52. C	53. D	54. A	55. E
56. D	57. A	58. B	59. C	60. E

HSK 모의고사 제2회 듣기 대본

Dì-yī bùfen
第一部分

Yígòng 10 ge tí, měi tí tīng liǎng cì.
一共 10 个 题，每 题 听 两 次。

Lìrú: Wǒ jiā yǒu sān kǒu rén.
例如： 我 家 有 三 口 人。

Wǒ měi tiān zuò dìtiě qù shàngbān.
我 每 天 坐 地铁 去 上班。

Xiànzài kāishǐ dì 1 tí:
现在 开始 第 1 题：

1. Dìdi zuì xǐhuan de yùndòng shì lánqiú.
   弟弟 最 喜欢 的 运动 是 篮球。

2. Wǒ jīntiān shēngbìng le, suǒyǐ bù néng qù yóuyǒng le.
   我 今天 生病 了，所以 不 能 去 游泳 了。

3. Nǐmen jiā de shū zhēn duō!
   你们 家 的 书 真 多！

4. Bàba gěi wǒ mǎile yí ge xīn shǒujī.
   爸爸 给 我 买了 一 个 新 手机。

5. Qǐng nǐ màn diǎnr kāichē.
   请 你 慢 点儿 开车。

6. Tā zhèng zài fángjiān li dúshū.
   她 正 在 房间 里 读书。

7. Yǔ xià de tài dà le.
   雨 下 得 太 大 了。

8. Wǒ yào qù fàndiàn chī wǔfàn.
   我 要 去 饭店 吃 午饭。

9. Zhè shì jīntiān de bàozhǐ.
   这 是 今天 的 报纸。

10. Wǒ měi tiān hé tóngxué yìqǐ huí jiā.
    我 每 天 和 同学 一起 回 家。

Dì-èr bùfen
第二 部分

Yígòng　　 ge　 tí, měi tí tīng liǎng cì.
一共 10 个 题，每 题 听 两 次。

　　　　Lìrú:　　　　Nǐ　xǐhuan shénme yùndòng?
例如：男：你 喜欢 什么 运动？

　　　　　　　　　　Wǒ xǐhuan dǎ　lánqiú.
　　　　　　女：我 喜欢 打 篮球。

Xiànzài kāishǐ dì　　 dào　　 tí:
现在 开始 第 11 到 15 题:

　　　　　　Nǐ　juéde zhège diànyǐng zěnmeyàng?
11. 男：你 觉得 这个 电影 怎么样？

　　　　　　Wǒ juéde hái　 kěyǐ　 ba.
　　女：我 觉得 还 可以 吧。

　　　　　　Wǒ xiǎng tīng tā chàng gē.
12. 女：我 想 听 她 唱 歌。

　　　　　　Wǒ yě　shì.
　　男：我 也 是。

　　　　　　Wǎnshang nǐ xiǎng chī shénme?
13. 男：晚上 你 想 吃 什么？

　　　　　　Wǒ xiǎng chī yángròu.
　　女：我 想 吃 羊肉。

　　　　　　Zhèxiē huā zhēn piàoliang, shì shéi mǎi de?
14. 女：这些 花 真 漂亮，是 谁 买 的？

　　　　　　Shì wǒ mǎi de, sònggěi nǐ.
　　男：是 我 买 的，送给 你。

　　　　　　Zhèr　de　yú piányi ma?
15. 男：这儿 的 鱼 便宜 吗？

　　　　　　Bù zhīdào, wǒ　qù wènwen fúwùyuán.
　　女：不 知道，我 去 问问 服务员。

Xiànzài kāishǐ dì　　 dào　　 tí:
现在 开始 第 16 到 20 题:

16. 男：Xīngqīliù nǐ xiǎng zuò shénme?
    星期六 你 想 做 什么？

    女：Wǒ xiǎng qù shāngdiàn mǎi shǒubiǎo.
    我 想 去 商店 买 手表。

17. 男：Gōnggòngqìchē shang de rén hǎo duō!
    公共汽车 上 的 人 好 多！

    女：Yīnwèi xiànzài shì shàngbān de shíjiān.
    因为 现在 是 上班 的 时间。

18. 男：Wǒ de diànnǎo chū wèntí le, nǐ néng bāng wǒ kànkan ma?
    我 的 电脑 出 问题 了，你 能 帮 我 看看 吗？

    女：Duìbuqǐ, wǒ yě bú tài dǒng diànnǎo.
    对不起，我 也 不 太 懂 电脑。

19. 男：Nǐ qùguo Zhōngguó ma?
    你 去过 中国 吗？

    女：Méi qùguo, dànshì wǒ hěn xiǎng qù.
    没 去过，但是 我 很 想 去。

20. 男：Qǐng gěi wǒ yì bēi kāfēi.
    请 给 我 一 杯 咖啡。

    女：Hǎo de.
    好 的。

Dì-sān bùfen
第三 部分

Yígòng ge tí, měi tí tīng liǎng cì.
一共 10 个 题，每 题 听 两 次。

Lìrú: 男：Xiǎo Wáng, zhèlǐ yǒu jǐ jiàn yīfu, nǎge shì nǐ de?
例如： 小 王，这里 有 几 件 衣服，哪个 是 你 的？

女：Zuǒbian nà jiàn hóngsè de shì wǒ de.
左边 那 件 红色 的 是 我 的。

问：Xiǎo Wáng de yīfu shì shénme yánsè de?
小 王 的 衣服 是 什么 颜色 的？

Xiànzài kāishǐ dì tí:
现在 开始 第21题：

21. 男：晚上 有 时间 吗？我们 一起 去 看 电影 吧。
    女：我 有 很 多 事情 要 忙。等 下次 吧。
    问：男的 想 和 女的 一起 做 什么？

22. 男：你 知道 我 的 汉语 书 在 哪儿 吗？
    女：在 床 旁边 的 桌子 上。
    问：书 在 哪里？

23. 女：已经 7点 30分 了，还有 30 分钟 就 上课 了！
    男：对不起 妈妈，我 现在 就 起床。
    问：上课 的 时间 是 几 点？

24. 男：我 的 房间 号 是 1123，你 的 房间 号 是 多少？
    女：我 的 房间 号 是 1128。
    问：男 的 住在 哪个 房间？

25. 男：我 要 去 买 鸡蛋，你 和 我 一起 去 吧。
    女：我 还 要 买 别的 东西，你 一 个 人 去 吧。
    问：男 的 要 去 买 什么？

26. 男：Duìbuqǐ, lǎoshī, zuótiān wǒ méi lái shàngxué. Yīnwèi wǒ bàba bìng le,
对不起，老师，昨天我没来上学。因为我爸爸病了，
wǒ sòng tā qù yīyuàn le.
我送他去医院了。

女：Méi guānxi, nǐ zuò de duì.
没关系，你做得对。

问：Nán de zuótiān wèi shénme méi lái shàngxué?
男的昨天为什么没来上学？

27. 男：Wǒ xué Hànyǔ yǐjīng liǎng nián le, nǐ ne?
我学汉语已经两年了，你呢？

女：Wǒ bǐ nǐ duō xuéle yì nián.
我比你多学了一年。

问：Nǚ de xuéle jǐ nián Hànyǔ?
女的学了几年汉语？

28. 男：Nǐ mèimei de wǔ tiào de zhēn hǎo!
你妹妹的舞跳得真好！

女：Nǎlǐ, wǒ juéde Xiǎo Zhāng tiào de bǐ tā hǎo.
哪里，我觉得小张跳得比她好。

问：Nǚ de juéde shéi tiào de hǎo?
女的觉得谁跳得好？

29. 男：Zǒu ba, wǒmen qù yóuyǒng!
走吧，我们去游泳！

女：Bié qù le, jīntiān tài lěng le, zài jiā kàn shū ba.
别去了，今天太冷了，在家看书吧。

问：Nǚ de jīntiān xiǎng zuò shénme?
女的今天想做什么？

30. 男：Zhè jiàn yīfu nǐ kàn zěnmeyàng?
这件衣服你看怎么样？

女：Wǒ juéde yánsè hěn piàoliang, yě bú tài guì.
我觉得颜色很漂亮，也不太贵。

问：Tāmen zuì kěnéng zài nǎr?
他们最可能在哪儿？

第四部分 Dì-sì bùfen

一共 5 个 题，每 题 听 两 次。
Yígòng ge tí, měi tí tīng liǎng cì.

例如： Lìrú:
女：请 在 这儿 写 您 的 电话 号码。
Qǐng zài zhèr xiě nín de diànhuà hàomǎ.

男：是 这儿 吗？
Shì zhèr ma?

女：不 是，是 这儿。
Bú shì, shì zhèr.

男：好，谢谢。
Hǎo, xièxie.

问：男 的 要 写 什么？
Nán de yào xiě shénme?

现在 开始 第 31 题：
Xiànzài kāishǐ dì tí:

31. 男：那个 红色 的 杯子 多少 钱？
Nàge hóngsè de bēizi duōshao qián?

女：白色 的 和 红色 的 都 是 15 元。
Báisè de hé hóngsè de dōu shì yuán.

男：黑色 的 多少 钱？
Hēisè de duōshao qián?

女：黑色 的 20 元。
Hēisè de yuán.

问：哪个 颜色 的 杯子 最 贵？
Nǎge yánsè de bēizi zuì guì?

32. 男：张 老师 在 吗？
Zhāng lǎoshī zài ma?

女：张 老师 不 在。
Zhāng lǎoshī bú zài.

男：他 去 上课 了 吗？
Tā qù shàngkè le ma?

女：不 是，他 今天 没有 课，在 家 休息 呢。
Bú shì, tā jīntiān méiyǒu kè, zài jiā xiūxi ne.

问：张 老师 现在 在 哪儿？
Zhāng lǎoshī xiànzài zài nǎr?

33.
女：Nǐ shénme shíhou qù Běijīng?
你 什么 时候 去 北京？

男：Wǒ 11 yuè 8 hào qù.
我 11月 8号 去。

女：Nǐ zuò huǒchē qù ma?
你 坐 火车 去 吗？

男：Wǒ zuò fēijī qù, fēijī kuài yìxiē.
我 坐 飞机 去，飞机 快 一些。

问：Nán de shénme shíhou qù Běijīng?
男 的 什么 时候 去 北京？

34.
男：Zhège xīngqīliù yìqǐ qù chàng gē ba.
这个 星期六 一起 去 唱 歌 吧。

女：Wǒ hěn xiǎng qù, dànshì wǒ yào zhǔnbèi kǎoshì.
我 很 想 去，但是 我 要 准备 考试。

男：Nà xīngqīrì qù zěnmeyàng?
那 星期日 去 怎么样？

女：Xīngqīrì wǒ yě méiyǒu shíjiān.
星期日 我 也 没有 时间。

问：Nǚ de zhège xīngqīliù zuò shénme?
女 的 这个 星期六 做 什么？

35.
女：Zhè běn shū duōshao qián mǎi de?
这 本 书 多少 钱 买 的？

男：20 kuài qián, zài Běijīng mǎi de.
20 块 钱，在 北京 买 的。

女：Mǎile duō cháng shíjiān le?
买了 多 长 时间 了？

男：Yǐjīng mǎile yì nián duō le.
已经 买了 一 年 多 了。

问：Zhè běn shū duōshao qián?
这 本 书 多少 钱？

HSK 모의고사 제3회 답안

一. 听力

1. ×   2. √   3. ×   4. ×   5. √
6. ×   7. ×   8. ×   9. √   10. √
11. E 12. A 13. D 14. C 15. B
16. B 17. D 18. A 19. E 20. C
21. B 22. C 23. B 24. A 25. C
26. C 27. B 28. A 29. A 30. B
31. B 32. B 33. C 34. A 35. B

二. 阅读

36. E 37. F 38. D 39. A 40. C
41. F 42. E 43. A 44. C 45. B
46. √ 47. × 48. √ 49. √ 50. ×
51. C 52. A 53. E 54. D 55. B
56. B 57. D 58. E 59. C 60. A

新 HSK 모의고사 제3회 듣기 대본

Dì-yī bùfen
第一部分

Yígòng　　ge tí, měi tí tīng liǎng cì.
一共 10 个 题，每 题 听 两 次。

Lìrú:　　Wǒ jiā yǒu sān kǒu rén.
例如：　我 家 有 三 口 人。

　　　　Wǒ měi tiān zuò　dìtiě qù shàngbān.
　　　　我 每 天 坐 地铁 去 上班。

Xiànzài kāishǐ dì　　tí:
现在 开始 第 1 题：

　　　Bàba ài chī píngguǒ.
1.　爸爸 爱 吃 苹果。

　　　Gēge bǐ mèimei pǎo de kuài.
2.　哥哥 比 妹妹 跑 得 快。

　　　Yǒuxiē rén bù chī yángròu.
3.　有些 人 不 吃 羊肉。

　　　Jīntiān māma mǎile yí ge hěn piàoliang de bēizi.
4.　今天 妈妈 买了 一 个 很 漂亮 的 杯子。

　　　Wàimiàn tiānqì hěn hǎo, wǒmen yìqǐ qù tī zúqiú ba!
5.　外面 天气 很 好，我们 一起 去 踢 足球 吧！

　　　Zuótiān jiějie sònggěi wǒ yí kuài báisè de shǒubiǎo.
6.　昨天 姐姐 送给 我 一 块 白色 的 手表。

　　　Jīntiān zhōngwǔ chī mǐfàn zěnmeyàng?
7.　今天 中午 吃 米饭 怎么样？

　　　Dàwèi zuòzài jiàoshì li xué Hànyǔ.
8.　大卫 坐在 教室 里 学 汉语。

　　　Měi ge xīngqītiān tā dōu huì zài jiā wán diànnǎo.
9.　每 个 星期天 他 都 会 在 家 玩 电脑。

　　　Nǐ gōngzuò tài lèi le, xiūxi yíxià ba.
10.　你 工作 太 累 了，休息 一下 吧。

第二部分

一共 10 个题，每题听两次。

例如： 男：你喜欢什么运动？
　　　 女：我喜欢打篮球。

现在开始第 11 到 15 题：

11. 男：你丈夫怎么没有和你一起来？
　　 女：他爸爸今天坐飞机来，他去机场了。

12. 男：明天去唱歌好吗？
　　 女：太好了，我也正想去呢。

13. 男：我那个黑色的手机在哪儿？
　　 女：就在桌子上。

14. 男：你每天早上都做运动吗？
　　 女：是的，我每天早上都跑步。

15. 男：天热的时候吃什么水果最好？
　　 女：吃西瓜吧。

现在开始第 16 到 20 题：

16. 男：Lǎoshī xiànzài mángbumáng?
    老师 现在 忙不忙？

    女：Bú shì hěn máng, tā zài kàn bàozhǐ.
    不 是 很 忙，她 在 看 报纸。

17. 男：Chī shénme duì háizi de shēntǐ hǎo?
    吃 什么 对 孩子 的 身体 好？

    女：Duō hē niúnǎi, duō chī jīdàn.
    多 喝 牛奶，多 吃 鸡蛋。

18. 男：Zhèngzài hé Xiǎo Wáng shuōhuà de nàge nǚrén shì shéi?
    正在 和 小 王 说话 的 那个 女人 是 谁？

    女：Tā shì Xiǎo Wáng de qīzi.
    她 是 小 王 的 妻子。

19. 男：Huǒchē yào kāi le, kuài shàng chē ba.
    火车 要 开 了，快 上 车 吧。

    女：Hǎo, zài gěi wǒ fēnzhōng.
    好，再 给 我 1 分钟。

20. 男：Nàr rén hěn duō, zài mài shénme ne?
    那儿 人 很 多，在 卖 什么 呢？

    女：Zài mài yú, shí yuán yì jīn.
    在 卖 鱼，十 元 一 斤。

Dì-sān bùfen
第三 部分

Yígòng ge tí, měi tí tīng liǎng cì.
一共 10 个 题，每 题 听 两 次。

Lìrú: 男：Xiǎo Wáng, zhèlǐ yǒu jǐ jiàn yīfu, nǎge shì nǐ de?
例如： 小 王，这里 有 几 件 衣服，哪个 是 你 的？

女：Zuǒbian nà jiàn hóngsè de shì wǒ de.
左边 那 件 红色 的 是 我 的。

问：Xiǎo Wáng de yīfu shì shénme yánsè de?
小 王 的 衣服 是 什么 颜色 的？

Xiànzài kāishǐ dì tí:
现在 开始 第 21 题：

21. 男：Kāfēi hé chá nǐ xǐhuan hē nǎ yí ge?
　　　咖啡 和 茶 你 喜欢 喝 哪 一 个？

　　女：Wǒ xǐhuan hē kāfēi.
　　　我 喜欢 喝 咖啡。

　　问：Tā xǐhuan hē shénme?
　　　她 喜欢 喝 什么？

22. 男：Yīshēng shuō duō cháng shíjiān chī yí cì yào?
　　　医生 说 多 长 时间 吃 一 次 药？

　　女：Měi sān ge xiǎoshí chī yí cì.
　　　每 三 个 小时 吃 一 次。

　　问：Duō cháng shíjiān chī yí cì yào?
　　　多 长 时间 吃 一 次 药？

23. 男：Nǐ zǎoshang jǐ diǎn qǐchuáng?
　　　你 早上 几 点 起床？

　　女：Wǒ qī diǎn qǐchuáng, bā diǎn qù shàngxué.
　　　我 七 点 起床，八 点 去 上学。

　　问：Tā jǐ diǎn qù shàngxué?
　　　她 几 点 去 上学？

24. 男：Nǐmen gōngsī lí jiā yuǎnbuyuǎn?
　　　你们 公司 离 家 远不远？

　　女：Bù yuǎn, wǒ qí zìxíngchē jǐ fēnzhōng jiù néng dào.
　　　不 远，我 骑 自行车 几 分钟 就 能 到。

　　问：Tā zěnme qù shàngbān?
　　　她 怎么 去 上班？

25. 女：Bié kàn diànshì le, kuài zhǔnbèi kǎoshì.
　　　别 看 电视 了，快 准备 考试。

　　男：Wǒ zhīdào, dànshì hái yǒu yí ge xīngqī ne.
　　　我 知道，但是 还 有 一 个 星期 呢。

　　问：Hái yǒu duō cháng shíjiān kǎoshì?
　　　还 有 多 长 时间 考试？

26. 男：Zuótiān shàngwǔ nǐ qù kàn diànyǐng le ma?
    昨天 上午 你 去 看 电影 了 吗？

    女：Méiyǒu, wǒ shàngwǔ yǒu shì, shì xiàwǔ qù de.
    没有，我 上午 有 事，是 下午 去 的。

    问：Tā shénme shíhou qù kàn de diànyǐng?
    她 什么 时候 去 看 的 电影？

27. 男：Wàimiàn hái xià yǔ ma?
    外面 还 下 雨 吗？

    女：Bú xià le, tiān zǎo jiù qíng le.
    不 下 了，天 早 就 晴 了。

    问：Xiànzài tiānqì zěnmeyàng?
    现在 天气 怎么样？

28. 男：Nǐ de érzi hé nǚ'ér dōu duō dà le?
    你 的 儿子 和 女儿 都 多 大 了？

    女：Wǒ érzi jīnnián shí suì, nǚ'ér bǐ tā xiǎo liǎng suì.
    我 儿子 今年 十 岁，女儿 比 他 小 两 岁。

    问：Tā de nǚ'ér xiànzài jǐ suì le?
    她 的 女儿 现在 几 岁 了？

29. 男：Lí huǒchēzhàn zuì jìn de yīyuàn zài nǎr?
    离 火车站 最 近 的 医院 在 哪儿？

    女：Zài huǒchēzhàn de qiánmiàn jiù yǒu yì jiā.
    在 火车站 的 前面 就 有 一 家。

    问：Zuì jìn de yīyuàn zài nǎr?
    最 近 的 医院 在 哪儿？

30. 女：Wǒmen bǐyibǐ, kàn shéi yóu de kuài!
    我们 比一比，看 谁 游 得 快！

    男：Méi wèntí, kāishǐ ba.
    没 问题，开始 吧。

    问：Tāmen xiànzài zuì yǒu kěnéng zài nǎr?
    他们 现在 最 有 可能 在 哪儿？

第四部分

一共 5 个题，每题听两次。

例如：女：请在这儿写您的电话号码。

男：是这儿吗？

女：不是，是这儿。

男：好，谢谢。

问：男的要写什么？

现在开始第 31 题：

31. 男：小姐，这个自行车能再便宜一些吗？

    女：对不起，先生，不能了。

    男：好吧，谢谢。我再看看别的吧。

    女：不客气。

    问：男的为什么没买自行车？

32. 女：妈妈的生日要到了，你准备送她什么？

    男：我还不知道，在想呢。你呢？

    女：我想送妈妈一块手表。

    男：那我送她一件新衣服吧。

    问：女的送什么？

33. 男：小王，你今天穿的这件衣服真漂亮，什么时候买的？
    女：买了两个星期了。
    男：是第一次穿吗？
    女：是的。
    问：她的衣服买了多长时间了？

34. 男：下雪了，天真冷！
    女：那我们坐出租车回家吧。
    男：下雪的时候，车开得慢，我们走回去吧。
    女：好，那我们快走吧。
    问：他们怎么回家？

35. 男：小姐，我想买今天到北京的飞机票。
    女：对不起，先生，已经没有了。
    男：那明天的有吗？
    女：有，请您等一下。
    问：他能买什么时候的飞机票？

HSK 모의고사 제4회 답안

一. 听力

1. √   2. ×   3. ×   4. √   5. ×
6. √   7. ×   8. √   9. ×   10. √
11. C 12. B 13. A 14. E 15. D
16. B 17. E 18. A 19. D 20. C
21. B 22. B 23. C 24. A 25. B
26. B 27. B 28. A 29. B 30. A
31. A 32. B 33. A 34. C 35. B

二. 阅读

36. F 37. E 38. A 39. C 40. D
41. F 42. A 43. C 44. B 45. E
46. √ 47. × 48. × 49. √ 50. √
51. C 52. E 53. B 54. A 55. D
56. D 57. B 58. A 59. C 60. E

新HSK 모의고사 제4회 듣기 대본

第一部分
Dì-yī bùfen

一共 10 个 题，每 题 听 两 次。
Yígòng 10 ge tí, měi tí tīng liǎng cì.

例如： 我 家 有 三 口 人。
Lìrú: Wǒ jiā yǒu sān kǒu rén.

我 每 天 坐 地铁 去 上班。
Wǒ měi tiān zuò dìtiě qù shàngbān.

现在 开始 第 1 题：
Xiànzài kāishǐ dì 1 tí:

1. 没有 课 的 时候，我们 在 饭店 做 服务员。
   Méiyǒu kè de shíhou, wǒmen zài fàndiàn zuò fúwùyuán.

2. 我 正在 找 我 的 书。
   Wǒ zhèngzài zhǎo wǒ de shū.

3. 我们 一起 去 机场 吧。
   Wǒmen yìqǐ qù jīchǎng ba.

4. 姐姐 比 弟弟 高。
   Jiějie bǐ dìdi gāo.

5. 大家 正在 打 篮球。
   Dàjiā zhèngzài dǎ lánqiú.

6. 左面 第三 个 就 是 我 姐姐。
   Zuǒmiàn dì-sān ge jiù shì wǒ jiějie.

7. 你 的 字 写 得 真 好。
   Nǐ de zì xiě dé zhēn hǎo.

8. 欢迎 下 次 再 来。
   Huānyíng xià cì zài lái.

9. 老师 坐着 上课。
   Lǎoshī zuòzhe shàngkè.

10. 她 每 天 学习 游泳。
    Tā měi tiān xuéxí yóuyǒng.

第二部分
Dì-èr bùfen

Yígòng ge tí, měi tí tīng liǎng cì.
一共 10 个 题，每 题 听 两 次。

Lìrú: Nǐ xǐhuan shénme yùndòng?
例如： 男：你 喜欢 什么 运动？

Wǒ xǐhuan dǎ lánqiú.
女：我 喜欢 打 篮球。

Xiànzài kāishǐ dì dào tí:
现在 开始 第 11 到 15 题：

11. Wàimiàn lěng ma?
男：外面 冷 吗？

Lěng, yǐjīng xià yǔ le.
女：冷，已经 下 雨 了。

12. Xiànzài kàn bàozhǐ de rén shǎo le.
女：现在 看 报纸 的 人 少 了。

Shì ma? Wǒ ài kàn bàozhǐ.
男：是 吗？我 爱 看 报纸。

13. Wǒ yào shuìjiào le, nǐ bié kàn diànshì le.
男：我 要 睡觉 了，你 别 看 电视 了。

Hǎo, zhīdào le.
女：好，知道 了。

14. Nǐ měi tiān dōu qù gōngzuò ma?
女：你 每 天 都 去 工作 吗？

Duì, wǒ shì yīshēng, měi tiān dōu yǒu hěn duō shìqing.
男：对，我 是 医生，每 天 都 有 很 多 事情。

15. Wǒ zuótiān wǎnshang diǎn jiù shuìjiào le.
男：我 昨天 晚上 8 点 就 睡觉 了。

Tài zǎo le.
女：太 早 了。

Xiànzài kāishǐ dì dào tí:
现在 开始 第 16 到 20 题：

16. 男：Xiànzài néng qù kàn diànyǐng ma?
       现在 能 去 看 电影 吗？

    女：Bié qù le, diànyǐng bù hǎokàn, wǒmen qù chī fàn ba.
       别 去 了，电影 不 好看，我们 去 吃 饭 吧。

17. 男：Nǐ mèimei shàng dàxué le ma?
       你 妹妹 上 大学 了 吗？

    女：Tā míngnián shàng dàxué.
       她 明年 上 大学。

18. 男：Tā gàosu nǐ shénme le?
       她 告诉 你 什么 了？

    女：Tā gàosu wǒ tā yǒu nán péngyou le.
       她 告诉 我 她 有 男 朋友 了。

19. 男：Nǐ wèi shénme bú tiàowǔ ne?
       你 为 什么 不 跳舞 呢？

    女：Yīnwèi wǒ bú huì tiàowǔ.
       因为 我 不 会 跳舞。

20. 男：Nǐ shìbushì fēicháng lèi?
       你 是不是 非常 累？

    女：Shì de, hěn lèi, bù xiǎng shuōhuà.
       是 的，很 累，不 想 说话。

Dì-sān bùfen
第三 部分

Yígòng ge tí, měi tí tīng liǎng cì.
一共 10 个 题，每 题 听 两 次。

Lìrú: 男：Xiǎo Wáng, zhèlǐ yǒu jǐ jiàn yīfu, nǎge shì nǐ de?
例如：   小 王，这里 有 几 件 衣服，哪个 是 你 的？

     女：Zuǒbian nà jiàn hóngsè de shì wǒ de.
        左边 那 件 红色 的 是 我 的。

     问：Xiǎo Wáng de yīfu shì shénme yánsè de?
        小 王 的 衣服 是 什么 颜色 的？

Xiànzài kāishǐ dì tí:
现在 开始 第 21 题：

21. 男: Zǎoshang méi chī fàn, nǐ zhèlǐ yǒu chī de dōngxi ma?
    早上 没 吃 饭，你 这里 有 吃 的 东西 吗?
    女: Méiyǒu, wǒ qù fànguǎn mǎi diǎnr ba.
    没有，我 去 饭馆 买 点儿 吧。
    问: Nǚ de yào qù nǎr?
    女 的 要 去 哪儿?

22. 男: Nǐ juéde Běijīng zěnmeyàng?
    你 觉得 北京 怎么样?
    女: Wǒ qùnián qùguo Běijīng, nàlǐ hěn piàoliang.
    我 去年 去过 北京，那里 很 漂亮。
    问: Nǚ de shénme shíhou qù de Běijīng?
    女 的 什么 时候 去 的 北京?

23. 男: Míngtiān yǒu shíjiān ma? Wǒmen qù hē kāfēi ba.
    明天 有 时间 吗? 我们 去 喝 咖啡 吧。
    女: Kěyǐ, míngtiān jiàn.
    可以，明天 见。
    问: Tāmen míngtiān zuò shénme?
    他们 明天 做 什么?

24. 男: Nǐ shì zěnme lái zhèr de?
    你 是 怎么 来 这儿 的?
    女: Wǒ shì zǒulù lái de.
    我 是 走路 来 的。
    问: Nǚ de shì zěnme lái zhèr de?
    女 的 是 怎么 来 这儿 的?

25. 男: Wǒ hěn máng, bù néng sòng nǐ qù jīchǎng le, duìbuqǐ.
    我 很 忙，不 能 送 你 去 机场 了，对不起。
    女: Méi guānxi.
    没 关系。
    问: Nán de wèi shénme bù néng sòng tā le?
    男 的 为 什么 不 能 送 她 了?

26. 男：你准备好了吗？哪天回国？
    女：准备好了，星期六的飞机。
    问：她星期几回国？

27. 男：我每天读一个小时书。
    女：那你家里有很多书吧？
    问：男的每天都要做什么？

28. 男：商店卖的西瓜真贵，五元钱一斤！
    女：我买的西瓜比你买的便宜。
    问：女的买的西瓜可能多少钱一斤？

29. 男：明天是女儿9岁的生日，我们送她什么呢？
    女：送她一个自行车怎么样？
    问：女的想送什么？

30. 男：王老师，这本书是你的吗？
    女：是李老师的！她找了好长时间了。
    问：这本书是谁的？

第四部分

一共 5 个 题，每 题 听 两 次。

例如：女：请在这儿写您的电话号码。

男：是这儿吗？

女：不是，是这儿。

男：好，谢谢。

问：男的要写什么？

现在开始第 31 题：

31. 男：你好，请问去水果商店怎么走？

女：水果商店离这儿很近，从这儿向左走。

男：要走多长时间？

女：五分钟吧。

问：从这儿走到水果商店要多长时间？

32. 男：你早上怎么没来？

女：对不起，我生病了。

男：去看医生了吗？

女：医生让我吃药，还要多喝牛奶，多睡觉。

问：医生没让她做什么？

33.
男：Dàjiā dōu tīngdǒng le ma?
大家 都 听懂 了 吗？

女：Lǎoshī, wǒ hái yǒu yí ge wèntí, "zhàngfu" shì shénme yìsi?
老师，我 还 有 一 个 问题，"丈夫" 是 什么 意思？

男：Nǐ bàba jiù shì nǐ māma de zhàngfu.
你 爸爸 就 是 你 妈妈 的 丈夫。

女：Wǒ zhīdào le, xièxie lǎoshī.
我 知道 了，谢谢 老师。

问：Tāmen zuì yǒu kěnéng zài nǎr?
他们 最 有 可能 在 哪儿？

34.
男：Wǒ xiǎng qù pǎopǎo bù.
我 想 去 跑跑 步。

女：Qù ba. Diànnǎo hái méi guān ba?
去 吧。电脑 还 没 关 吧？

男：Shì de, wǒ xiànzài jiù qù guān diànnǎo.
是 的，我 现在 就 去 关 电脑。

女：Nǐ zǒu ba, wǒ qù guān.
你 走 吧，我 去 关。

问：Nán de xiànzài qù zuò shénme?
男 的 现在 去 做 什么？

35.
男：Nàge rén shì shéi?
那个 人 是 谁？

女：Shì wáng lǎoshī de nǚ'ér.
是 王 老师 的 女儿。

男：Nǐ gěi wǒ jièshào yíxià, hǎo ma?
你 给 我 介绍 一下，好 吗？

女：Hǎo.
好。

问：Nàge rén shì shéi de nǚ'ér?
那个 人 是 谁 的 女儿？

HSK 모의고사 제5회 답안

一. 听力

1. ×	2. √	3. ×	4. √	5. ×
6. ×	7. √	8. ×	9. ×	10. √
11. A	12. E	13. D	14. C	15. B
16. C	17. D	18. B	19. E	20. A
21. B	22. A	23. C	24. C	25. A
26. A	27. A	28. C	29. B	30. C
31. B	32. C	33. A	34. B	35. A

二. 阅读

36. D	37. C	38. E	39. F	40. A
41. C	42. E	43. F	44. A	45. B
46. ×	47. ×	48. √	49. √	50. √
51. E	52. C	53. B	54. A	55. D
56. D	57. C	58. E	59. B	60. A

新 HSK 모의고사 제5회 듣기 대본

Dì-yī bùfen
第一 部分

Yígòng ge tí, měi tí tīng liǎng cì.
一共 10 个 题，每 题 听 两 次。

Lìrú: Wǒ jiā yǒu sān kǒu rén.
例如： 我 家 有 三 口 人。

　　　 Wǒ měi tiān zuò dìtiě qù shàngbān.
　　　 我 每 天 坐 地铁 去 上班。

Xiànzài kāishǐ dì tí:
现在 开始 第 1 题：

Mèimei xiànzài hái méiyǒu qǐchuáng.
1. 妹妹 现在 还 没有 起床。

Měi tiān zǎoshang gēge dōu pǎobù.
2. 每 天 早上 哥哥 都 跑步。

Zhuōzi shang yǒu yì běn shū.
3. 桌子 上 有 一 本 书。

Dìdi hěn xǐhuan kàn diànshì.
4. 弟弟 很 喜欢 看 电视。

Tā zhèngzài dǎ diànhuà.
5. 她 正在 打 电话。

Xīwàng nǐ xǐhuan wǒ zuò de cài.
6. 希望 你 喜欢 我 做 的 菜。

Dàjiā dōu zài kàn diànyǐng.
7. 大家 都 在 看 电影。

Wàimiàn xià yǔ le, tiānqì yǒudiǎnr lěng.
8. 外面 下 雨 了，天气 有点儿 冷。

Māma yǒu sān zhī xiǎo māo.
9. 妈妈 有 三 只 小 猫。

Tā de zhàngfu zài yīyuàn gōngzuò.
10. 她 的 丈夫 在 医院 工作。

Dì-èr bùfen
第二 部分

Yígòng ge tí, měi tí tīng liǎng cì.
一共 10 个 题，每 题 听 两 次。

Lìrú: Nǐ xǐhuan shénme yùndòng?
例如：男：你 喜欢 什么 运动?

Wǒ xǐhuan dǎ lánqiú.
女：我 喜欢 打 篮球。

Xiànzài kāishǐ dì dào tí:
现在 开始 第 11 到 15 题：

Nǐ érzi jǐ suì le?
11. 男：你 儿子 几 岁 了?

Tā qī suì le, yǐjīng shàngxué le.
女：他 七 岁 了，已经 上学 了。

Jīntiān zhēn shì tài rè le.
12. 男：今天 真 是 太 热 了。

Wǒmen qù yóuyǒng ba.
女：我们 去 游泳 吧。

Lǎo Wáng hé nàge rén shì hǎo péngyou ma?
13. 男：老 王 和 那个 人 是 好 朋友 吗?

Bú shì, tāmen jīntiān shì dì-yī cì jiànmiàn.
女：不 是，他们 今天 是 第一 次 见面。

Nǐ qù shāngdiàn mǎi shénme le?
14. 男：你 去 商店 买 什么 了?

Wǒ mǎile yì běn shū.
女：我 买了 一 本 书。

Miàntiáo li yǒu jīdàn ma?
15. 男：面条 里 有 鸡蛋 吗?

Yǒu, wǒ zhīdào nǐ xǐhuan chī jīdàn.
女：有，我 知道 你 喜欢 吃 鸡蛋。

Xiànzài kāishǐ dì dào tí:
现在 开始 第 16 到 20 题：

16. 男：你 认识 那个 正在 跳舞 的 孩子 吗？
    女：认识，她 是 我 妹妹 的 同学。

17. 男：你 去过 北京 吗？
    女：去过，去年 和 爸爸 一起 去 的。

18. 男：妹妹 在 和 朋友们 一起 唱 歌。
    女：她们 唱 得 真 高兴。

19. 男：你 每天 几 点 睡觉？
    女：晚上 十 点 多 吧。

20. 男：走着 去 太 慢 了，我们 坐 出租车 吧。
    女：好。你 看，前面 就 有 出租车。

第三 部分

一共 10 个 题，每 题 听 两 次。

例如：男：小 王，这里 有 几 件 衣服，哪个 是 你 的？
女：左边 那 件 红色 的 是 我 的。

问：小 王 的 衣服 是 什么 颜色 的？

现在 开始 第 21 题：

21. 男：请等我一下，我去买一杯咖啡。帮你也买一杯吧。
    女：好的，谢谢。
    问：男的要买几杯咖啡？

22. 男：妈妈，我想玩一会儿电脑，可以吗？
    女：别玩了，玩电脑对眼睛不好。
    问：男的想要做什么？

23. 男：小王在踢足球吗？
    女：没有，他今天去公司上班了。
    问：小王在哪里？

24. 男：明天旅游，都准备好了吗？
    女：手机有点儿问题，药还没有买。
    问：女的没买什么？

25. 男：你觉得哥哥的新手机怎么样？
    女：我觉得新手机比他第一个手机好看。
    问：女的觉得哪个手机好看？

26. 男：Qǐngwèn, shuǐguǒ shāngdiàn zěnme zǒu?
   请问，水果 商店 怎么 走？
   女：Shuǐguǒ shāngdiàn jiù zài xuéxiào pángbiān, hěn kuài jiù dào le.
   水果 商店 就 在 学校 旁边，很 快 就 到 了。
   问：Shuǐguǒ shāngdiàn zài nǎr?
   水果 商店 在 哪儿？

27. 男：Xiǎo Wáng zuótiān shì zuò huǒchē qù lǚyóu de ma?
   小 王 昨天 是 坐 火车 去 旅游 的 吗？
   女：Tā shì zuò chuán qù de, yīnwèi chuánpiào piányi.
   他 是 坐 船 去 的，因为 船票 便宜。
   问：Xiǎo Wáng shì zěnme qù lǚyóu de?
   小 王 是 怎么 去 旅游 的？

28. 男：Nǐ xiǎng mǎi shénme shuǐguǒ?
   你 想 买 什么 水果？
   女：Wǒ xiǎng mǎi wǔ gōngjīn de xīguā hé yì gōngjīn de píngguǒ.
   我 想 买 五 公斤 的 西瓜 和 一 公斤 的 苹果。
   问：Nǚ de xiǎng mǎi duōshao xīguā?
   女 的 想 买 多少 西瓜？

29. 男：Nǐ zěnme bù gāoxìng ne?
   你 怎么 不 高兴 呢？
   女：Wǒ bàba zuótiān shēngbìng le, zhùjìnle yīyuàn.
   我 爸爸 昨天 生病 了，住进了 医院。
   问：Tā de bàba zěnme le?
   她 的 爸爸 怎么 了？

30. 男：Nǐ zhīdào Wáng lǎoshī de diànhuà hào ma?
   你 知道 王 老师 的 电话 号 吗？
   女：9736442.
   问：Wáng lǎoshī de diànhuà hào shì duōshao?
   王 老师 的 电话 号 是 多少？

第四部分
Dì-sì bùfen

Yígòng ge tí, měi tí tīng liǎng cì.
一共 5 个 题，每 题 听 两 次。

Lìrú: 例如：
女： Qǐng zài zhèr xiě nín de diànhuà hàomǎ.
请 在 这儿 写 您 的 电话 号码。

男： Shì zhèr ma?
是 这儿 吗？

女： Bú shì, shì zhèr.
不 是，是 这儿。

男： Hǎo, xièxie.
好，谢谢。

问： Nán de yào xiě shénme?
男 的 要 写 什么？

Xiànzài kāishǐ dì tí:
现在 开始 第 31 题：

31. 女： Nǐ hǎo, qǐngwèn zhè jiàn hóngsè de yīfu duōshao qián?
你 好，请问 这 件 红色 的 衣服 多少 钱？

男： Yìqiān yuán. Nǐ kěyǐ kànkan zhè jiàn báisè de, wǔbǎi yuán.
一千 元。你 可以 看看 这 件 白色 的，五百 元。

女： Hǎo ba, wǒ mǎi zhè jiàn báisè de yīfu.
好 吧，我 买 这 件 白色 的 衣服。

男： Hǎo de.
好 的。

问： Báisè de yīfu duōshao qián?
白色 的 衣服 多少 钱？

32. 男： Xiànzài jǐ diǎn le?
现在 几 点 了？

女： Xiànzài bā diǎn le.
现在 八 点 了。

男： Hái yǒu yí ge xiǎoshí fēijī jiù yào qǐfēi le.
还 有 一 个 小时 飞机 就 要 起飞 了。

女： Wǒmen kuài diǎnr zǒu ba!
我们 快 点儿 走 吧！

问： Fēijī jǐ diǎn qǐfēi?
飞机 几 点 起飞？

33. 男：下午我们去学校旁边的饭馆吃羊肉，好吗？
    女：对不起，我不喜欢吃羊肉。
    男：那我们去吃鱼，怎么样？那里的鱼很好吃。
    女：好。
    问：他们准备去吃什么？

34. 男：已经七点了。
    女：是的，喝杯牛奶吧。
    男：今天我要早点儿去上班，就不喝了。
    女：好吧。
    问：男的要去做什么？

35. 男：欢迎欢迎，请问有什么可以帮助您的？
    女：上面还有房间吗？
    男：上面有人住了，下面的房间怎么样？
    女：好的，我要一个下面的房间。
    问：女的住哪个房间？

HSK 모의고사 제6회 답안

一. 听力

1. ×	2. ×	3. √	4. √	5. √
6. ×	7. √	8. ×	9. √	10. √
11. D	12. B	13. C	14. E	15. A
16. D	17. B	18. A	19. C	20. E
21. A	22. B	23. C	24. A	25. B
26. C	27. A	28. B	29. A	30. C
31. B	32. A	33. B	34. C	35. A

二. 阅读

36. E	37. D	38. F	39. C	40. A
41. F	42. E	43. B	44. A	45. C
46. √	47. ×	48. ×	49. √	50. √
51. C	52. D	53. B	54. E	55. A
56. B	57. C	58. E	59. A	60. D

新HSK 모의고사 제6회 듣기 대본

第一部分
Dì-yī bùfen

一共 10 个 题，每 题 听 两 次。
Yígòng ge tí, měi tí tīng liǎng cì.

例如： 我 家 有 三 口 人。
Lìrú: Wǒ jiā yǒu sān kǒu rén.

我 每 天 坐 地铁 去 上班。
Wǒ měi tiān zuò dìtiě qù shàngbān.

现在 开始 第 1 题：
Xiànzài kāishǐ dì tí:

1. 我 现在 在 机场 呢。
   Wǒ xiànzài zài jīchǎng ne.

2. 我 每 天 早上 去 游泳。
   Wǒ měi tiān zǎoshang qù yóuyǒng.

3. 我们 坐 船 去 上海。
   Wǒmen zuò chuán qù Shànghǎi.

4. 那个 手机 卖 了，这个 是 新 的。
   Nàge shǒujī mài le, zhège shì xīn de.

5. 快 点儿 喝，牛奶 还 热着 呢。
   Kuài diǎnr hē, niúnǎi hái rèzhe ne.

6. 我 送给 妹妹 一 个 小 狗。
   Wǒ sònggěi mèimei yí ge xiǎo gǒu.

7. 今天 是 爸爸 的 生日。
   Jīntiān shì bàba de shēngrì.

8. 昨天 妈妈 买了 一些 鸡蛋。
   Zuótiān māma mǎile yìxiē jīdàn.

9. 我 同学 在 宾馆 做 服务员。
   Wǒ tóngxué zài bīnguǎn zuò fúwùyuán.

10. 骑 自行车 是 很 好 的 运动。
    Qí zìxíngchē shì hěn hǎo de yùndòng.

Dì-èr bùfen
第二 部分

Yígòng　　　ge　tí，měi　tí　tīng　liǎng　cì.
一共 10 个 题，每 题 听 两 次。

　　Lìrú:　　　　Nǐ　xǐhuan　shénme　yùndòng?
例如：男：你 喜欢 什么 运动？

　　　　　　　Wǒ　xǐhuan　dǎ　lánqiú.
　　　　　女：我 喜欢 打 篮球。

Xiànzài　kāishǐ　dì　　　dào　　　tí:
现在 开始 第 11 到 15 题：

　　　　　　Zhè　shì　nǐ　shàng　cì　sòng　wǒ　de　kāfēi.
11. 男：这 是 你 上 次 送 我 的 咖啡。

　　　　　　Shì　ma? Nǐ　xǐhuan　hē　ma?
　　　女：是 吗？你 喜欢 喝 吗？

　　　　　　Xià　xuě　le, wàimiàn　hěn　piàoliang!
12. 男：下 雪 了，外面 很 漂亮！

　　　　　　Jīnnián　de　xuě　lái　de　zhēn　zǎo!
　　　女：今年 的 雪 来 得 真 早！

　　　　　　Wǒ　qù　zhèbiān　zhǎo, nǐ　qù　nàbiān　zhǎo. Yí　ge　xiǎoshí　hòu　huídào　zhèlǐ.
13. 男：我 去 这边 找，你 去 那边 找。一 个 小时 后 回到 这里。

　　　　　　Hǎo,　　diǎn jiàn.
　　　女：好，12 点 见。

　　　　　　Zuótiān　wǒ　zài　xuéxiào　kànjiàn　nǐ　mèimei　le.
14. 女：昨天 我 在 学校 看见 你 妹妹 了。

　　　　　　Tā　zuótiān　qù　xuéxiào　tī　qiú　le.
　　　男：她 昨天 去 学校 踢 球 了。

　　　　　　Wǒ　xiǎng　qǐng　nà　wèi　xiǎojiě　tiàowǔ.
15. 男：我 想 请 那 位 小姐 跳舞。

　　　　　　Bú　tài　hǎo　ba? Pángbiān　nàge　rén　kěnéng　shì　tā　nán　péngyou.
　　　女：不 太 好 吧？旁边 那个 人 可能 是 她 男 朋友。

Xiànzài　kāishǐ　dì　　　dào　　　tí:
现在 开始 第 16 到 20 题：

16. 男：Tā xiànzài shēngbìng le.
    他 现在 生病 了。
    女：Nà jiù ràng tā xiūxi ba.
    那 就 让 他 休息 吧。

17. 男：Zhè shì wǒ zhǔnbèi de píngguǒ, míngtiān lùshang chī.
    这 是 我 准备 的 苹果，明天 路上 吃。
    女：Tài hǎo le.
    太 好 了。

18. 男：Nǐmen zuótiān qù nǎr le?
    你们 昨天 去 哪儿 了？
    女：Wǒmen zuótiān qù chàng gē le, tā chàng gē hěn hǎotīng.
    我们 昨天 去 唱 歌 了，她 唱 歌 很 好听。

19. 男：Nà liǎng ge rén zěnme bú jiàn le ne?
    那 两 个 人 怎么 不 见 了 呢？
    女：Wǒ kànjiàn tāmen shàngle gōnggòngqìchē.
    我 看见 他们 上了 公共汽车。

20. 男：Nǐ gěi wǒ de nà běn shū wǒ hěn xǐhuan, xièxie nǐ!
    你 给 我 的 那 本 书 我 很 喜欢，谢谢 你！
    女：Nǐ xǐhuan jiù hǎo.
    你 喜欢 就 好。

Dì-sān bùfen
第三 部分

Yígòng ge tí, měi tí tīng liǎng cì.
一共 10 个 题，每 题 听 两 次。

Lìrú: 男：Xiǎo Wáng, zhèlǐ yǒu jǐ jiàn yīfu, nǎge shì nǐ de?
例如： 小 王，这里 有 几 件 衣服，哪个 是 你 的？
女：Zuǒbian nà jiàn hóngsè de shì wǒ de.
左边 那 件 红色 的 是 我 的。

问：Xiǎo Wáng de yīfu shì shénme yánsè de?
小 王 的 衣服 是 什么 颜色 的？

Xiànzài kāishǐ dì tí:
现在 开始 第 21 题：

21. 男：Nǐ jīnnián duō dà le?
    你 今年 多 大 了？
    女：suì le, bǐ wǒ mèimei dà sān suì.
    20 岁 了，比 我 妹妹 大 三 岁。
    问：Tā mèimei duō dà le?
    她 妹妹 多 大 了？

22. 男：Wèi shénme nǐmen dōu chuān hóngsè de yīfu ne?
    为 什么 你们 都 穿 红色 的 衣服 呢？
    女：Yīnwèi jīntiān shì xīnnián.
    因为 今天 是 新年。
    问：Tāmen chuān shénme yánsè de yīfu?
    他们 穿 什么 颜色 的 衣服？

23. 男：Nǐ pángbiān zhè wèi shì nǐ māma ma?
    你 旁边 这 位 是 你 妈妈 吗？
    女：Bú shì, shì wǒ māma de péngyou.
    不 是，是 我 妈妈 的 朋友。
    问：Nǚ de pángbiān shì shéi?
    女 的 旁边 是 谁？

24. 女：Huānyíng láidào wǒ jiā.
    欢迎 来到 我 家。
    男：Nǐ jiā zhēn dà!
    你 家 真 大！
    问：Nán de juéde tā jiā zěnmeyàng?
    男 的 觉得 她 家 怎么样？

25. 男：Nǐ juéde Zhōngguó cài hǎochī ma?
    你 觉得 中国 菜 好吃 吗？
    女：Hǎochī, wǒ zuì xǐhuan chī yángròu.
    好吃，我 最 喜欢 吃 羊肉。
    问：Nǚ de xǐhuan chī shénme?
    女 的 喜欢 吃 什么？

26. 男：_{Jīntiān shì qíng tiān.}
今天 是 晴 天。

　　女：_{Duì, dànshì fēicháng lěng.}
对，但是 非常 冷。

　　问：_{Jīntiān tiānqì zěnmeyàng?}
今天 天气 怎么样？

27. 男：_{Wǒmen gōngsī zhè jǐ tiān shìqing tài duō le.}
我们 公司 这 几 天 事情 太 多 了。

　　女：_{Shì de, xīwàng xià xīngqī bú tài máng.}
是 的，希望 下 星期 不 太 忙。

　　问：_{Nán de juéde zhè jǐ tiān zěnmeyàng?}
男 的 觉得 这 几 天 怎么样？

28. 男：_{Wǒ zǎoshang 7 diǎn qǐchuáng qù pǎobù.}
我 早上 7 点 起床 去 跑步。

　　女：_{Tài zǎo le, wǒ bā diǎn qǐchuáng.}
太 早 了，我 八 点 起床。

　　问：_{Nǚ de jǐ diǎn qǐchuáng?}
女 的 几 点 起床？

29. 男：_{Nín de píngguǒ shíwǔ kuài liù, gěi wǒ shíwǔ kuài jiù kěyǐ le.}
您 的 苹果 十五 块 六，给 我 十五 块 就 可以 了。

　　女：_{Hǎo de, gěi nǐ qián.}
好 的，给 你 钱。

　　问：_{Nǚ de gěi tā duōshao qián?}
女 的 给 他 多少 钱？

30. 男：_{Shū shang de tí wǒ dōu zuòwán le. Zhèngzài kàn diànshì.}
书 上 的 题 我 都 做完 了。正在 看 电视。

　　女：_{Wǒ yě xiěwán le, wǒ zhèngzài wán diànnǎo.}
我 也 写完 了，我 正在 玩 电脑。

　　问：_{Nán de zài zuò shénme?}
男 的 在 做 什么？

Dì-sì bùfen
第四 部分

Yígòng ge tí, měi tí tīng liǎng cì.
一共 5 个 题，每 题 听 两 次。

Lìrú: Qǐng zài zhèr xiě nín de diànhuà hàomǎ.
例如： 女：请 在 这儿 写 您 的 电话 号码。

            Shì zhèr ma?
       男：是 这儿 吗？

            Bú shì, shì zhèr.
       女：不 是，是 这儿。

            Hǎo, xièxie.
       男：好，谢谢。

            Nán de yào xiě shénme?
       问：男 的 要 写 什么？

Xiànzài kāishǐ dì tí:
现在 开始 第 31 题：

            Qǐngwèn tā zài bīnguǎn ma?
31. 女：请问 她 在 宾馆 吗？

            Méiyǒu, tā chūqù le.
       男：没有，她 出去 了。

            Tā qù nǎr le?
       女：她 去 哪儿 了？

            Hé péngyou qù mǎi dōngxi le.
       男：和 朋友 去 买 东西 了。

            Tā xiànzài zài nǎr?
       问：她 现在 在 哪儿？

            Zhèxiē wèntí nǐ dōu dǒng ma?
32. 男：这些 问题 你 都 懂 吗？

            Yǒu de bù dǒng, xiǎng wènwen nín.
       女：有 的 不 懂，想 问问 您。

            Nǎlǐ bù dǒng? Wǒ kànkan.
       男：哪里 不 懂？我 看看。

            Zhèlǐ.
       女：这里。

            Nǚ de zài zuò shénme?
       问：女 的 在 做 什么？

33.
女：Nǐ zài zhèr zuò shénme?
你 在 这儿 做 什么？

男：Děng wǒ qīzi.
等 我 妻子。

女：Nǐmen yào yìqǐ chūqù ma?
你们 要 一起 出去 吗？

男：Shì de, wǒmen yào qù kàn diànyǐng.
是 的，我们 要 去 看 电影。

问：Nán de yào qù zuò shénme?
男 的 要 去 做 什么？

34.
男：Tāmen shì nǐ péngyou ma?
她们 是 你 朋友 吗？

女：Bú shì, zhè shì wǒ jiějie, nà shì wǒ mèimei.
不 是，这 是 我 姐姐，那 是 我 妹妹。

男：Tāmen zuò shénme gōngzuò?
她们 做 什么 工作？

女：Wǒ jiějie shì yīshēng, wǒ mèimei shì lǎoshī.
我 姐姐 是 医生，我 妹妹 是 老师。

问：Tā jiějie zuò shénme gōngzuò?
她 姐姐 做 什么 工作？

35.
男：Zhège fángzi lí xuéxiào tài yuǎn le, bú tài hǎo.
这个 房子 离 学校 太 远 了，不 太 好。

女：Suīrán yǒudiǎnr yuǎn, dànshì fángzi hěn hǎo.
虽然 有点儿 远，但是 房子 很 好。

男：Nà nǐ zěnme qù xuéxiào?
那 你 怎么 去 学校？

女：Wǒ kěyǐ qí zìxíngchē qù.
我 可以 骑 自行车 去。

问：Nán de juéde zhège fángzi zěnmeyàng?
男 的 觉得 这个 房子 怎么样？

HSK 모의고사 제7회 답안

一. 听力

1. × 2. × 3. √ 4. √ 5. ×
6. √ 7. √ 8. × 9. √ 10. ×
11. E 12. A 13. B 14. C 15. D
16. A 17. B 18. D 19. E 20. C
21. A 22. A 23. C 24. C 25. B
26. A 27. C 28. B 29. C 30. B
31. C 32. B 33. C 34. B 35. B

二. 阅读

36. A 37. D 38. C 39. E 40. F
41. A 42. C 43. E 44. B 45. F
46. √ 47. × 48. × 49. √ 50. ×
51. D 52. B 53. E 54. A 55. C
56. B 57. E 58. D 59. A 60. C

新 HSK 모의고사 제7회 듣기 대본

Dì-yī bùfen
第一 部分

Yígòng 10 ge tí, měi tí tīng liǎng cì.
一共 10 个 题, 每 题 听 两 次。

Lìrú: Wǒ jiā yǒu sān kǒu rén.
例如: 我 家 有 三 口 人。

Wǒ měi tiān zuò dìtiě qù shàngbān.
我 每 天 坐 地铁 去 上班。

Xiànzài kāishǐ dì 1 tí:
现在 开始 第 1 题:

1. Wǒmen xuéxiào láile jǐ ge xīn lǎoshī.
   我们 学校 来了 几 个 新 老师。

2. Liù líng bā fángjiān xiànzài méiyǒu rén zhù.
   六 零 八 房间 现在 没有 人 住。

3. Wǒ zhǔnbèile yìdiǎnr qián zuò gōnggòngqìchē.
   我 准备了 一点儿 钱 坐 公共汽车。

4. Hé háizi zài yìqǐ de shíhou zuì gāoxìng.
   和 孩子 在 一起 的 时候 最 高兴。

5. Wǒ de jiějie shì qùnián kāishǐ gōngzuò de.
   我 的 姐姐 是 去年 开始 工作 的。

6. Zhè jiàn yīfu gēge bù néng chuān le.
   这 件 衣服 哥哥 不 能 穿 了。

7. Jiàoshì li zhèngzài shàngkè, nǐ bié jìnqù.
   教室 里 正在 上课, 你 别 进去。

8. Shíjiān hái zǎo ne, nǐ sān diǎn zài zǒu ba.
   时间 还 早 呢, 你 三 点 再 走 吧。

9. Wǒ xiǎng chàng de gē, dàjiā yǐjīng chàngguo le.
   我 想 唱 的 歌, 大家 已经 唱过 了。

10. Fēijī wǎnle liǎng ge duō xiǎoshí.
    飞机 晚了 两 个 多 小时。

Dì-èr bùfen
第二 部分

Yígòng　　　ge　tí, měi　tí　tīng liǎng cì.
一共　10 个　题，每　题　听　两　次。

Lìrú:　　　　Nǐ　xǐhuan shénme yùndòng?
例如：　男：你　喜欢　什么　运动？

　　　　　　Wǒ xǐhuan dǎ　lánqiú.
　　　　女：我　喜欢　打　篮球。

Xiànzài kāishǐ dì　　dào　　tí:
现在　开始　第 11 到 15 题：

　　　　　　Xià xuě le, wǒmen qù wàibian wánr　yíhuìr　ba.
11.　男：下　雪　了，我们　去　外边　玩儿　一会儿　吧。

　　　　　　Hǎo, wǒ yào zuò yí　ge xuěrén.
　　　　女：好，我　要　做　一　个　雪人。

　　　　　　Qǐngwèn, zài zhège bīnguǎn kěyǐ yóuyǒng ma?
12.　男：请问，在　这个　宾馆　可以　游泳　吗？

　　　　　　Kěyǐ, jiù zài nàbiān.
　　　　女：可以，就　在　那边。

　　　　　　Wǒ juéde nǚ háizi xuéxí tiàowǔ hěn hǎo.
13.　男：我　觉得　女　孩子　学习　跳舞　很　好。

　　　　　　Shì de, wǒ nǚ'ér zhèngzài xué.
　　　　女：是　的，我　女儿　正在　学。

　　　　　　Wéi! Diànyǐng jiù yào kāishǐ le, nǐ qù nǎr le?
14.　女：喂！电影　就　要　开始　了，你　去　哪儿　了？

　　　　　　Wǒ qù mǎi shuǐ le, nǐ děng wǒ yíxià.
　　　　男：我　去　买　水　了，你　等　我　一下。

　　　　　　Yīshēng, wǒ māma de yào chīwán le, hái yào chī ma?
15.　男：医生，我　妈妈　的　药　吃完　了，还　要　吃　吗？

　　　　　　Zài chī sān tiān.
　　　　女：再　吃　三　天。

Xiànzài kāishǐ dì　　dào　　tí:
现在　开始　第 16 到 20 题：

16. 男：让你的眼睛休息一下吧。
    女：知道了，快看完了。

17. 男：睡觉前吃水果对身体不好吧？
    女：那我喝一点儿牛奶吧。

18. 男：明天最好是晴天，我们要开运动会。
    女：谁知道呢，昨天还下雨了呢。

19. 女：一桌子菜，你怎么不吃呢？
    男：不想吃，没有肉。

20. 男：这几个汉字我不会写，你能帮我写吗？
    女：好吧，但是你要多学习。

第三部分

一共 10 个题，每题听两次。

例如：男：小王，这里有几件衣服，哪个是你的？
女：左边那件红色的是我的。

问：小王的衣服是什么颜色的？

现在开始第 21 题：

21. 男：Tīngshuō nǐ nǚ'ér zài guówài dú dàxué.
    听说你女儿在国外读大学。
    女：Shì de, tā jīnnián sān yuè huí guó gōngzuò.
    是的，她今年三月回国工作。
    问：Tā nǚ'ér zài guówài zuò shénme?
    她女儿在国外做什么？

22. 男：Nǐ zhàngfu huì zuò fàn ma?
    你丈夫会做饭吗？
    女：Huì, tā zuò zǎofàn, wǒ zuò wǎnfàn.
    会，他做早饭，我做晚饭。
    问：Tā zhàngfu shénme shíhou zuò fàn?
    她丈夫什么时候做饭？

23. 男：Nǐ shénme shíhou lái wǒ jiā?
    你什么时候来我家？
    女：Nǐ shénme shíhou yǒu shíjiān, wǒ jiù shénme shíhou qù.
    你什么时候有时间，我就什么时候去。
    问：Nǚ de shì shénme yìsi?
    女的是什么意思？

24. 男：Lǎoshī, qǐng nín màn yìdiǎnr shuō, wǒ méi tīngdǒng.
    老师，请您慢一点儿说，我没听懂。
    女：Hǎo, zhè cì wǒ shuō màn yìdiǎnr.
    好，这次我说慢一点儿。
    问：Nán de xīwàng lǎoshī zuò shénme?
    男的希望老师做什么？

25. 男：Kàn, xuéshēngmen wánr de zhēn gāoxìng!
    看，学生们玩儿得真高兴！
    女：Shì de, xīwàng tāmen tiāntiān kuàilè!
    是的，希望他们天天快乐！
    问：Xuéshēngmen zài zuò shénme?
    学生们在做什么？

26. 男：我说过，十点前做完，你为什么没做？
    女：对不起，我看错时间了。
    问：女的为什么没做？

27. 男：李小姐，您买的东西到了，现在可以送去吗？
    女：现在我不在家，明天下午送吧。
    问：女的什么时候能在家？

28. 男：昨天来找你的人是你男朋友吗？
    女：是我大学时候的同学。
    问：来找她的人是谁？

29. 男：我今天看了一个电影，还买了一些书，你呢？
    女：我哪儿也没去，洗了很多衣服。
    问：女的今天做什么了？

30. 男：不能让儿子一个人去，他还小呢。
    女：你说得不对，我十岁的时候都会做饭了。
    问：他们的儿子现在最有可能多大了？

第四部分

一共 5 个 题，每题听两次。

例如：女：请在这儿写您的电话号码。

男：是这儿吗？

女：不是，是这儿。

男：好，谢谢。

问：男的要写什么？

现在开始第 31 题：

31. 女：你怎么没去上班？

    男：我今天要去找工作。

    女：你这是什么意思？

    男：这个工作太累了，钱也不多，我不想去了。

    问：男的为什么没去上班？

32. 女：你们怎么来了？

    男：怎么？不欢迎吗？

    女：哪里，我是想准备一些好吃的。

    男：我知道。

    问：女的是什么意思？

33. 男：Gāo Hóng, Lǐ Míng shuō nǐ shàngwǔ zhǎo wǒ le.
    高红，李明 说 你 上午 找 我 了。

    女：Shì de, Běijīng de Zhāng xiānsheng zhǎo nǐ yǒu shì.
    是 的，北京 的 张 先生 找 你 有 事。

    男：Duìbuqǐ, wǒ de shǒujī méi diàn le.
    对不起，我 的 手机 没 电 了。

    女：Méi guānxi, kuài gěi tā huí diànhuà ba.
    没 关系，快 给 他 回 电话 吧。

    问：Shéi zhǎo tā yǒu shì?
    谁 找 他 有 事？

34. 男：Dào Běijīng zuì kuài de huǒchē yào jǐ ge xiǎoshí?
    到 北京 最 快 的 火车 要 几 个 小时？

    女：Wǔ ge xiǎoshí.
    五 个 小时。

    男：Xiànzài de huǒchē tài kuài le.
    现在 的 火车 太 快 了。

    女：Shì de, wǒ shàng dàxué shí yào zuò èrshí'èr ge xiǎoshí ne.
    是 的，我 上 大学 时 要 坐 二十二 个 小时 呢。

    问：Xiànzài dào Běijīng zuì kuài de huǒchē yào duō cháng shíjiān?
    现在 到 北京 最 快 的 火车 要 多 长 时间？

35. 女：Zhège rén nǐ tīngshuōguo ma?
    这个 人 你 听说过 吗？

    男：Tā zài Běijīng kāile liǎng jiā hěn hǎo de shūdiàn.
    他 在 北京 开了 两 家 很 好 的 书店。

    女：Nǐ shì zěnme zhīdào de?
    你 是 怎么 知道 的？

    男：Bàozhǐ shang yǒu tā de jièshào.
    报纸 上 有 他 的 介绍。

    问：Zhège rén zài Běijīng zuò shénme?
    这个 人 在 北京 做 什么？

HSK 모의고사 제8회 답안

一. 听力

1. √	2. ×	3. √	4. √	5. ×
6. ×	7. √	8. ×	9. √	10. ×
11. C	12. D	13. E	14. A	15. B
16. A	17. C	18. E	19. B	20. D
21. A	22. A	23. B	24. C	25. C
26. C	27. B	28. C	29. C	30. A
31. A	32. B	33. C	34. A	35. C

二. 阅读

36. E	37. D	38. C	39. F	40. A
41. A	42. E	43. C	44. B	45. F
46. ×	47. √	48. ×	49. √	50. √
51. E	52. C	53. A	54. B	55. D
56. E	57. A	58. D	59. C	60. B

新 HSK 모의고사 제8회 듣기 대본

Dì-yī bùfen
第一部分

Yígòng 10 ge tí, měi tí tīng liǎng cì.
一共 10 个 题, 每 题 听 两 次。

Lìrú: Wǒ jiā yǒu sān kǒu rén.
例如: 我 家 有 三 口 人。

Wǒ měi tiān zuò dìtiě qù shàngbān.
我 每 天 坐 地铁 去 上班。

Xiànzài kāishǐ dì 1 tí:
现在 开始 第 1 题:

1. Wǒ juéde jīntiān kěnéng xià xuě.
   我 觉得 今天 可能 下 雪。

2. Nàge diànnǎo mǎile sān nián le.
   那个 电脑 买了 三 年 了。

3. Mèimei yào xué yóuyǒng.
   妹妹 要 学 游泳。

4. Shēngrì nà tiān wǒ yào chuān de piàoliang diǎnr.
   生日 那 天 我 要 穿 得 漂亮 点儿。

5. Zuì wǎn de gōnggòngqìchē yǐjīng zǒu le.
   最 晚 的 公共汽车 已经 走 了。

6. Wǒ zhùzài 308 fángjiān.
   我 住在 308 房间。

7. Tā měi tiān bā diǎn shàngbān.
   她 每 天 八 点 上班。

8. Jiàoshì li yǒu hěn duō xuésheng.
   教室 里 有 很 多 学生。

9. Hé péngyou yìqǐ wánr, tā xiào le.
   和 朋友 一起 玩儿, 她 笑 了。

10. Nǐ zhǎodào nǐ de shǒujī le ma?
    你 找到 你 的 手机 了 吗?

Dì-èr bùfen
第二部分

Yígòng   ge tí, měi tí tīng liǎng cì.
一共 10 个 题，每 题 听 两 次。

Lìrú:　　　Nǐ xǐhuan shénme yùndòng?
例如： 男：你 喜欢 什么 运动？

　　　　　Wǒ xǐhuan dǎ lánqiú.
　　女：我 喜欢 打 篮球。

Xiànzài kāishǐ dì　　 dào　　 tí:
现在 开始 第 11 到 15 题:

　　　　Tài lèi le, wǒ yào xiūxi yíxià.
11. 男：太 累 了，我 要 休息 一下。

　　　　Hǎo de, nǐ yàobuyào hē yì bēi chá?
　　女：好 的，你 要不要 喝 一 杯 茶？

　　　　Nǐ shēngbìng le, míngtiān búyào qù shàngbān le.
12. 男：你 生病 了，明天 不要 去 上班 了。

　　　　Méi guānxi, jīnwǎn shuì yí jiào jiù hǎo le.
　　女：没 关系，今晚 睡 一 觉 就 好 了。

　　　　Zhè cì lǚyóu zěnmeyàng?
13. 男：这 次 旅游 怎么样？

　　　　Hěn lèi, dànshì wán de hěn gāoxìng.
　　女：很 累，但是 玩 得 很 高兴。

　　　　Tiān qíng le, xiàwǔ yìqǐ qù tī zúqiú ba.
14. 男：天 晴 了，下午 一起 去 踢 足球 吧。

　　　　Hǎo de, wǒ qù.
　　女：好 的，我 去。

　　　　Hái yǒu shénme dōngxi yào mǎi ma?
15. 男：还 有 什么 东西 要 买 吗？

　　　　Yǒu, wǒ hái yào mǎi yìxiē ròu hé cài.
　　女：有，我 还 要 买 一些 肉 和 菜。

Xiànzài kāishǐ dì　　 dào　　 tí:
现在 开始 第 16 到 20 题:

16. 男：这里的咖啡有点儿贵。
    女：但是我喜欢在这里喝咖啡。

17. 男：你家离学校远吗？
    女：很近，走着去十分钟就到了。

18. 女：这次考试怎么样？
    男：考得很好，希望可以考第一名。

19. 男：你儿子多大了？
    女：我儿子快二十岁了，要上大学了。

20. 男：在我们公司，她唱歌唱得最好。
    女：是的，听说她还上过电视呢。

第三部分

一共 10 个题，每题听两次。

例如：男：小王，这里有几件衣服，哪个是你的？
女：左边那件红色的是我的。

问：小王的衣服是什么颜色的？

现在开始第 21 题：

21. 男： Nǐ shénme shíhou huí xuéxiào?
    你 什么 时候 回 学校？
    女： Wǒ xià xīngqīwǔ huí xuéxiào.
    我 下 星期五 回 学校。
    问： Tā shénme shíhou huí xuéxiào?
    她 什么 时候 回 学校？

22. 女： Gāo Míng, nǐ pángbiān de zhè wèi shì……
    高 明，你 旁边 的 这 位 是……
    男： Jièshào yíxià, zhè shì wǒ de qīzi, jiào Wáng Lán.
    介绍 一下，这 是 我 的 妻子，叫 王 兰。
    问： Wáng Lán shì Gāo Míng de shénme rén?
    王 兰 是 高 明 的 什么 人？

23. 男： Nǐmen jiā de fàncài zhēn hǎochī!
    你们 家 的 饭菜 真 好吃！
    女： Xièxie, huānyíng zài lái!
    谢谢，欢迎 再 来！
    问： Tāmen kěnéng zài nǎr?
    他们 可能 在 哪儿？

24. 男： Jīntiān shì nǐ de shēngrì ma?
    今天 是 你 的 生日 吗？
    女： Bú shì, míngtiān shì wǒ de shēngrì, jīntiān shì bā yuè shíbā rì.
    不 是，明天 是 我 的 生日，今天 是 八 月 十八 日。
    问： Nǚ de jǐ yuè jǐ rì guò shēngrì?
    女 的 几 月 几 日 过 生日？

25. 男： Nǐ wèi shénme méi qù yóuyǒng?
    你 为 什么 没 去 游泳？
    女： Yīnwèi wǒmen gōngsī lái diànhuà le, ràng wǒ qù yíxià.
    因为 我们 公司 来 电话 了，让 我 去 一下。
    问： Nǚ de wèi shénme méi qù yóuyǒng?
    女 的 为 什么 没 去 游泳？

26. 女：你看，这就是我给你买的新衣服。
    男：颜色很好，但是我穿有点儿大。
    问：男的觉得这件衣服怎么样？

27. 男：昨天医生对你说什么了？
    女：不是什么大问题，医生让我多运动。
    问：医生让她做什么？

28. 男：羊肉便宜了，二十三块钱一斤，买点儿吧。
    女：好。比昨天便宜了四块钱呢。
    问：昨天羊肉多少钱一斤？

29. 男：我住在五零六。你住在哪个房间？
    女：我住在五零八。
    问：女的住哪个房间？

30. 女：你觉得这两个椅子哪个漂亮？
    男：我喜欢那个白色的，但是红色的那个椅子便宜。
    问：哪个椅子便宜？

第四部分 Dì-sì bùfen

一共 5 个题，每题听两次。
Yígòng ge tí, měi tí tīng liǎng cì.

例如： 女：请在这儿写您的电话号码。
Lìrú: Qǐng zài zhèr xiě nín de diànhuà hàomǎ.

男：是这儿吗？
Shì zhèr ma?

女：不是，是这儿。
Bú shì, shì zhèr.

男：好，谢谢。
Hǎo, xièxie.

问：男的要写什么？
Nán de yào xiě shénme?

现在开始第31题：
Xiànzài kāishǐ dì tí:

31. 女：你好，请问您要喝什么？
Nǐ hǎo, qǐngwèn nín yào hē shénme?

男：我要一杯咖啡，我朋友要一杯热牛奶，谢谢！
Wǒ yào yì bēi kāfēi, wǒ péngyou yào yì bēi rè niúnǎi, xièxie!

女：好的，请您等一下。
Hǎo de, qǐng nín děng yíxià.

男：好的。
Hǎo de.

问：男的要什么？
Nán de yào shénme?

32. 男：明天就要考试了。
Míngtiān jiù yào kǎoshì le.

女：是的，你准备好了吗？
Shì de, nǐ zhǔnbèi hǎo le ma?

男：书看完了，但是有一些问题我不太懂。
Shū kànwán le, dànshì yǒu yìxiē wèntí wǒ bú tài dǒng.

女：哪里不懂？
Nǎlǐ bù dǒng?

问：明天他们做什么？
Míngtiān tāmen zuò shénme?

33. 男：我找小明有事，但是他不在教室。
    女：你可以给他打电话。
    男：我没有他的电话，你有吗？
    女：我有，他的电话是88675589。
    问：小明的电话是多少？

34. 男：桌子后边找了吗？
    女：找了，没有。
    男：床下边呢，你再看看。
    女：在这儿，我找到我的手表了。
    问：女的在做什么？

35. 男：你准备什么时候对妈妈说？
    女：等我找到新的工作，再告诉她吧。
    男：那你这几天还去上班吗？
    女：不去了。
    问：女的想做什么？

HSK 모의고사 제9회 답안

一. 听力

1. √   2. ×   3. ×   4. √   5. √
6. √   7. ×   8. ×   9. √   10. √
11. A   12. E   13. D   14. B   15. C
16. E   17. C   18. B   19. D   20. A
21. B   22. B   23. B   24. A   25. A
26. A   27. C   28. A   29. A   30. B
31. B   32. C   33. C   34. A   35. B

二. 阅读

36. C   37. F   38. D   39. E   40. A
41. E   42. C   43. B   44. F   45. A
46. ×   47. √   48. √   49. ×   50. ×
51. C   52. E   53. A   54. D   55. B
56. C   57. E   58. B   59. A   60. D

新 HSK 모의고사 제9회 듣기 대본

Dì-yī bùfen
第一部分

Yígòng ge tí, měi tí tīng liǎng cì.
一共 10 个 题，每 题 听 两 次。

Lìrú: Wǒ jiā yǒu sān kǒu rén.
例如： 我 家 有 三 口 人。

　　　Wǒ měi tiān zuò dìtiě qù shàngbān.
　　　我 每 天 坐 地铁 去 上班。

Xiànzài kāishǐ dì tí:
现在 开始 第 1 题：

　　Gēge juéde miàntiáo hěn hǎochī.
1. 哥哥 觉得 面条 很 好吃。

　　Wǒ měi tiān wǎnshang qù xuéxiào pǎobù.
2. 我 每 天 晚上 去 学校 跑步。

　　Lìli zài děng gōnggòngqìchē.
3. 丽丽 在 等 公共汽车。

　　Zhège fángjiān li yǒu rén zài xiūxi.
4. 这个 房间 里 有 人 在 休息。

　　Fúwùyuán, wèi shénme cài hái méi hǎo?
5. 服务员，为 什么 菜 还 没 好？

　　Mèimei zài jiā kàn shū, bù hé wǒmen qù fàndiàn le.
6. 妹妹 在 家 看 书，不 和 我们 去 饭店 了。

　　Wǒmen yǐjīng dào huǒchēzhàn le, hái yǒu shíjiān.
7. 我们 已经 到 火车站 了，还 有 时间。

　　Huānyíng nǐmen lái zhèr dǎ lánqiú.
8. 欢迎 你们 来 这儿 打 篮球。

　　Jiějie shēngbìng le, xīwàng tā duō xiūxi.
9. 姐姐 生病 了，希望 她 多 休息。

　　Kuài diǎn le, wǒmen qù chī wǔfàn ba.
10. 快 12 点 了，我们 去 吃 午饭 吧。

Dì-èr bùfen
第二 部分

Yígòng ge tí, měi tí tīng liǎng cì.
一共 10 个 题，每 题 听 两 次。

Lìrú: Nǐ xǐhuan shénme yùndòng?
例如： 男：你 喜欢 什么 运动？

　　　　 Wǒ xǐhuan dǎ lánqiú.
　　　 女：我 喜欢 打 篮球。

Xiànzài kāishǐ dì dào tí:
现在 开始 第 11 到 15 题：

　　　　 Kāfēi hēduō le bù hǎo, duō hē diǎnr rè shuǐ.
11. 男：咖啡 喝多 了 不 好，多 喝 点儿 热 水。

　　　　 Zhīdào le.
　　　 女：知道 了。

　　　　 Kuài lái xuéxiào ba, yào kāishǐ kǎoshì le.
12. 男：快 来 学校 吧，要 开始 考试 了。

　　　　 Hǎo de, wǒ zài chūzūchē shang, jiǔ diǎn dào xuéxiào.
　　　 女：好 的，我 在 出租车 上，九 点 到 学校。

　　　　 Huǒchēzhàn rén zhēn duō, wǒ bù xiǎng qù lǚyóu le!
13. 男：火车站 人 真 多，我 不 想 去 旅游 了！

　　　　 Méi guānxi, liǎng ge xiǎoshí jiù dào le!
　　　 女：没 关系，两 个 小时 就 到 了！

　　　　 Jīntiān wǎnshang de yángròu zěnmeyàng?
14. 男：今天 晚上 的 羊肉 怎么样？

　　　　 Wǒ bú tài xǐhuan yángròu, suǒyǐ chī de hěn shǎo.
　　　 女：我 不 太 喜欢 羊肉，所以 吃 得 很 少。

　　　　 Niúnǎi hé chá, nǐ xǐhuan nǎge?
15. 男：牛奶 和 茶，你 喜欢 哪个？

　　　　 Wǒ hē niúnǎi, xièxie.
　　　 女：我 喝 牛奶，谢谢。

Xiànzài kāishǐ dì dào tí:
现在 开始 第 16 到 20 题：

16. 男：哥哥为什么不和我们一起去北京？
　　女：他今天上班，没有时间。

17. 男：弟弟说他明天早上要去跑步。
　　女：是吗？明天早上可能下雨。

18. 男：你家离这儿很远，你怎么回家？
　　女：没关系，我可以坐火车，下午就到了。

19. 男：你妈妈身体怎么样了？
　　女：好一点儿了，上星期去医院买了些药。

20. 男：大家等你一起去打篮球呢。
　　女：对不起。今天我要准备考试。

第三部分

一共10个题，每题听两次。

例如：男：小王，这里有几件衣服，哪个是你的？
　　　女：左边那件红色的是我的。

　　　问：小王的衣服是什么颜色的？

现在开始第21题：

21. 男：Xiǎo Zhāng, tīngshuō xuéxiào hòumiàn jiù shì Wáng Lì jiā.
    小张，听说 学校 后面 就 是 王丽 家。
    女：Xuéxiào hòumiàn shì Wáng Hóng jiā, Wáng Lì jiā zài wǒ jiā pángbiān.
    学校 后面 是 王红 家，王丽家在我 家 旁边。
    问：Wáng Lì jiā zài nǎr?
    王丽家 在 哪儿？

22. 女：Nǐ hǎo, hái yǒu qù Shànghǎi de huǒchēpiào ma?
    你 好，还 有 去 上海 的 火车票 吗？
    男：Jīntiān méiyǒu le, xīngqīyī yǒu.
    今天 没有 了，星期一 有。
    问：Tāmen kěnéng zài nǎr?
    他们 可能 在 哪儿？

23. 男：Nǐ nǚ'ér de Hànyǔ shuō de zhēn hǎo!
    你 女儿 的 汉语 说 得 真 好！
    女：Tā qù Zhōngguó xuéle liǎng nián Hànyǔ.
    她 去 中国 学了 两 年 汉语。
    问：Tā nǚ'ér xuéle jǐ nián Hànyǔ?
    她 女儿 学了 几 年 汉语？

24. 男：Hěn gāoxìng rènshi dàjiā, xīwàng dàjiā duō bāngzhù wǒ.
    很 高兴 认识 大家，希望 大家 多 帮助 我。
    女：Bié kèqi, wǒmen dōu shì tóngxué.
    别 客气，我们 都 是 同学。
    问：Nǚ de shì tā de shénme rén?
    女 的 是 他 的 什么 人？

25. 男：Nǐ de shǒujī hěn piàoliang, shénme shíhou mǎi de?
    你 的 手机 很 漂亮，什么 时候 买 的？
    女：2 yuè 26 hào wǒ shēngrì nà tiān, māma sòng wǒ de.
    2月 26号 我 生日 那天，妈妈 送 我 的。
    问：Tā de shēngrì shì jǐ yuè jǐ hào?
    她 的 生日 是 几 月 几 号？

26. 男：你生病了，今天不能去看电影。
    女：好吧，我下星期再去。
    问：女的今天为什么不能去看电影？

27. 男：我今年第一次去北京，你呢？
    女：我今年去了两次，没有去年多！
    问：女的去年可能去了几次北京？

28. 男：这些苹果多少钱？
    女：两斤，10块钱。
    问：苹果怎么卖？

29. 男：我要了一个羊肉，你要吃点儿什么？
    女：我要面条吧，这几天不想吃肉。
    问：女的不想吃什么？

30. 男：今天下雪，你多穿点儿衣服。
    女：知道了，妈妈已经告诉我了。
    问：今天天气怎么样？

第四部分
Dì-sì bùfen

一共 5 个 题，每 题 听 两 次。
Yígòng 5 ge tí, měi tí tīng liǎng cì.

例如： 女：请 在 这儿 写 您 的 电话 号码。
Lìrú: Qǐng zài zhèr xiě nín de diànhuà hàomǎ.

男：是 这儿 吗？
Shì zhèr ma?

女：不 是，是 这儿。
Bú shì, shì zhèr.

男：好，谢谢。
Hǎo, xièxie.

问：男 的 要 写 什么？
Nán de yào xiě shénme?

现在 开始 第 31 题：
Xiànzài kāishǐ dì 31 tí:

31. 女：我们 学校 今年 有 多少 学生？
    Wǒmen xuéxiào jīnnián yǒu duōshao xuésheng?

    男：三百 五十 多 个。
    Sānbǎi wǔshí duō ge.

    女：比 去年 多了 不 少。
    Bǐ qùnián duōle bù shǎo.

    男：是 的，多了 五十 多 个。
    Shì de, duōle wǔshí duō ge.

    问：去年 有 多少 学生？
    Qùnián yǒu duōshao xuésheng?

32. 男：姐姐，今天 下 雨，你 怎么 去 学校？
    Jiějie, jīntiān xià yǔ, nǐ zěnme qù xuéxiào?

    女：我 坐 出租车 去。
    Wǒ zuò chūzūchē qù.

    男：可以 送 我 去 旁边 的 咖啡店 吗？
    Kěyǐ sòng wǒ qù pángbiān de kāfēidiàn ma?

    女：好。
    Hǎo.

    问：弟弟 怎么 去 咖啡店？
    Dìdi zěnme qù kāfēidiàn?

33. 男：Nǐ hǎo, néng sòng liǎng bēi niúnǎi dào wǒ de fángjiān ma?
    你好，能 送 两 杯 牛奶 到 我 的 房间 吗？

    女：Duìbuqǐ, jīntiān méiyǒu niúnǎi le, kāfēi kěyǐ ma?
    对不起，今天 没有 牛奶 了，咖啡 可以 吗？

    男：Wǒ bù hē kāfēi, gěi wǒ chá ba.
    我 不 喝 咖啡，给 我 茶 吧。

    女：Hǎo de.
    好 的。

    问：Nán de hē shénme?
    男 的 喝 什么？

34. 男：Zhè shì wǒ de qīzi, tā jiào Wáng Fāng.
    这 是 我 的 妻子，她 叫 王 芳。

    女：Nǐ hǎo, Wáng Fāng! Nǐmen shì tóngxué ma?
    你 好，王 芳！你们 是 同学 吗？

    男：Bú shì, shì péngyou jièshào rènshi de. Wǒmen zuòxià shuō ba.
    不 是，是 朋友 介绍 认识 的。我们 坐下 说 吧。

    女：Hǎo.
    好。

    问：Nán de hé qīzi shì zěnme rènshi de?
    男 的 和 妻子 是 怎么 认识 的？

35. 女：Jīntiān nǐ jǐ diǎn xiàbān?
    今天 你 几 点 下班？

    男：Wǒ wǔ diǎn xiàbān.
    我 五 点 下班。

    女：Xiàbān hòu wǒmen yìqǐ zǒu ba.
    下班 后 我们 一起 走 吧。

    男：Duìbuqǐ, wǒ yào sòng péngyou qù jīchǎng.
    对不起，我 要 送 朋友 去 机场。

    问：Nán de xiàbān hòu qù nǎr?
    男 的 下班 后 去 哪儿？

HSK 모의고사 제10회 답안

一. 听力

1. ×   2. √   3. √   4. ×   5. ×
6. √   7. ×   8. ×   9. √   10. √
11. D 12. A 13. C 14. B 15. E
16. C 17. D 18. B 19. E 20. A
21. C 22. A 23. B 24. A 25. B
26. A 27. C 28. B 29. A 30. A
31. A 32. C 33. A 34. B 35. C

二. 阅读

36. A 37. F 38. D 39. E 40. C
41. B 42. F 43. A 44. C 45. E
46. √ 47. × 48. × 49. × 50. √
51. E 52. D 53. A 54. B 55. C
56. E 57. A 58. D 59. C 60. B

新HSK 모의고사 제10회 듣기 대본

第一部分 (Dì-yī bùfen)

一共 10 个 题，每 题 听 两 次。
(Yígòng 10 ge tí, měi tí tīng liǎng cì.)

例如： 我 家 有 三 口 人。
(Lìrú: Wǒ jiā yǒu sān kǒu rén.)

我 每 天 坐 地铁 去 上班。
(Wǒ měi tiān zuò dìtiě qù shàngbān.)

现在 开始 第 1 题：
(Xiànzài kāishǐ dì 1 tí:)

1. 很 多 人 喜欢 来 这里 游泳。
   (Hěn duō rén xǐhuan lái zhèlǐ yóuyǒng.)

2. 我 在 火车站 呢！
   (Wǒ zài huǒchēzhàn ne!)

3. 你 好！很 高兴 再 见到 你。
   (Nǐ hǎo! Hěn gāoxìng zài jiàndào nǐ.)

4. 服务员，请 给 我 一 杯 咖啡。
   (Fúwùyuán, qǐng gěi wǒ yì bēi kāfēi.)

5. 左边 是 哥哥，右边 是 弟弟。
   (Zuǒbian shì gēge, yòubian shì dìdi.)

6. 那 家 饭店 的 面条 很 好吃。
   (Nà jiā fàndiàn de miàntiáo hěn hǎochī.)

7. 我 的 电脑 出了 点儿 问题，能 帮 我 看 一下 吗？
   (Wǒ de diànnǎo chūle diǎnr wèntí, néng bāng wǒ kàn yíxià ma?)

8. 妈妈 的 工作 很 累。
   (Māma de gōngzuò hěn lèi.)

9. 对不起，是 我 做错 了。
   (Duìbuqǐ, shì wǒ zuòcuò le.)

10. 快 去 开门，看看 是 谁？
    (Kuài qù kāimén, kànkan shì shéi?)

第二部分
Dì-èr bùfen

Yígòng ge tí, měi tí tīng liǎng cì.
一共 10 个 题，每 题 听 两 次。

Lìrú: Nǐ xǐhuan shénme yùndòng?
例如： 男：你 喜欢 什么 运动？

Wǒ xǐhuan dǎ lánqiú.
女：我 喜欢 打 篮球。

Xiànzài kāishǐ dì dào tí:
现在 开始 第 11 到 15 题：

Nǐ de shǒujī zěnme le?
11. 男：你 的 手机 怎么 了？

Néng dǎ diànhuà, bù néng tīng gē.
女：能 打 电话，不 能 听 歌。

Zhè kuài shǒubiǎo zhēn piàoliang! Shì shéi sòng de?
12. 男：这 块 手表 真 漂亮！是 谁 送 的？

Shì wǒ zhàngfu gěi wǒ mǎi de.
女：是 我 丈夫 给 我 买 的。

Nǐ de shēntǐ hǎo diǎnr le ma?
13. 男：你 的 身体 好 点儿 了 吗？

Hǎo duō le.
女：好 多 了。

Chī de tài shǎo le, zài chī diǎnr cài.
14. 女：吃 得 太 少 了，再 吃 点儿 菜。

Wǒ zài wàimiàn chīguo le.
男：我 在 外面 吃过 了。

Nǐ hǎo, jīntiān de bàozhǐ dào le ma?
15. 男：你 好，今天 的 报纸 到 了 吗？

Qǐng děng yíhuìr.
女：请 等 一会儿。

Xiànzài kāishǐ dì dào tí:
现在 开始 第 16 到 20 题：

16. 男：Qǐngwèn nǐ zhèr mài qiānbǐ ma?
    请问 你 这儿 卖 铅笔 吗？
    女：Wǒmen zhèr méiyǒu qiānbǐ.
    我们 这儿 没有 铅笔。

17. 女：Wǒmen de fēijī shì jǐ diǎn de?
    我们 的 飞机 是 几 点 的？
    男：Shàngwǔ shí diǎn.
    上午 十 点。

18. 男：Lái kàn yíxià, nǐ xǐhuan shénme yánsè de yīfu?
    来 看 一下，你 喜欢 什么 颜色 的 衣服？
    女：Zuǒbian nà jiàn hóngsè de.
    左边 那 件 红色 的。

19. 男：Wàimiàn yīn tiān le, fēicháng lěng.
    外面 阴 天 了，非常 冷。
    女：Yào huíqù chuān jiàn yīfu ma?
    要 回去 穿 件 衣服 吗？

20. 男：Nǐ jīntiān shuì de zhēn zǎo.
    你 今天 睡 得 真 早。
    女：Yīnwèi míngtiān zǎoshang yào hé péngyou qù pǎobù.
    因为 明天 早上 要 和 朋友 去 跑步。

Dì-sān bùfen
第三 部分

Yígòng ge tí, měi tí tīng liǎng cì.
一共 10 个 题，每 题 听 两 次。

Lìrú: 男：Xiǎo Wáng, zhèlǐ yǒu jǐ jiàn yīfu, nǎge shì nǐ de?
例如： 小 王，这里 有 几 件 衣服，哪个 是 你 的？
女：Zuǒbian nà jiàn hóngsè de shì wǒ de.
左边 那 件 红色 的 是 我 的。

问：Xiǎo Wáng de yīfu shì shénme yánsè de?
小 王 的 衣服 是 什么 颜色 的？

Xiànzài kāishǐ dì tí:
现在 开始 第 21 题：

21. 男: Nǐmen zuò zài zhèr bú duì ba? Zhè shì wǒmen de diànyǐng piào.
    你们 坐 在 这儿 不 对 吧？这 是 我们 的 电影 票。

    女: Duìbuqǐ, wǒmen kàncuò le.
    对不起，我们 看错 了。

    问: Tāmen zuì yǒu kěnéng zài zuò shénme?
    他们 最 有 可能 在 做 什么？

22. 男: Jīntiān xīngqīsān, míngtiān jiù shì māma de shēngrì.
    今天 星期三，明天 就 是 妈妈 的 生日。

    女: Míngtiān ràng māma xiūxi, wǒmen gěi tā zuò hǎochī de.
    明天 让 妈妈 休息，我们 给 她 做 好吃 的。

    问: Tāmen wèi shénme ràng māma xiūxi?
    他们 为 什么 让 妈妈 休息？

23. 男: Nǐ de gōngsī lí zhèr yuǎn ma?
    你 的 公司 离 这儿 远 吗？

    女: Bú tài yuǎn, zuò gōnggòngqìchē jiù shí fēnzhōng.
    不 太 远，坐 公共汽车 就 十 分钟。

    问: Nǚ de zěnme qù gōngsī?
    女 的 怎么 去 公司？

24. 男: Míngtiān xīngqīliù, kěyǐ wǎn diǎnr qǐchuáng le.
    明天 星期六，可以 晚 点儿 起床 了。

    女: Nǐ bù zhīdào ma? Míngtiān yào shàngbān.
    你 不 知道 吗？明天 要 上班。

    问: Jīntiān xīngqī jǐ?
    今天 星期 几？

25. 男: Zhèxiē yào yì tiān sān cì, chīwánle zài lái zhǎo wǒ.
    这些 药 一 天 三 次，吃完 了 再 来 找 我。

    女: Zhīdào le, xièxie yīshēng.
    知道 了，谢谢 医生。

    问: Nǚ de kěnéng zài nǎr?
    女 的 可能 在 哪儿？

26. 男：下雨了，你的衣服还在外面吧？
    女：是的，晚上还要再洗一次。
    问：外面怎么了？

27. 男：你要喝茶吗？茶在桌子上。
    女：我想要一杯水。
    问：桌子上有什么？

28. 男：小白汉字写得不错，汉语说得怎么样？
    女：他从小就学习汉语，所以汉语说得很好。
    问：小白的汉语说得怎么样？

29. 男：不要说话了，老师来了。
    女：知道了，我已经准备好书了。
    问：他们最有可能要做什么？

30. 男：你知道这个宾馆有多少房间吗？
    女：一百多个。
    问：那个宾馆有多少房间？

第四部分
Dì-sì bùfen

一共 5 个 题，每 题 听 两 次。
Yígòng ge tí, měi tí tīng liǎng cì.

例如：女：请 在 这儿 写 您 的 电话 号码。
Lìrú: Qǐng zài zhèr xiě nín de diànhuà hàomǎ.

男：是 这儿 吗？
Shì zhèr ma?

女：不 是，是 这儿。
Bú shì, shì zhèr.

男：好，谢谢。
Hǎo, xièxie.

问：男 的 要 写 什么？
Nán de yào xiě shénme?

现在 开始 第 31 题：
Xiànzài kāishǐ dì tí:

31. 男：你 看见 小 张 了 吗？他 现在 怎么样 了？
Nǐ kànjiàn Xiǎo Zhāng le ma? Tā xiànzài zěnmeyàng le?

女：朋友 帮 他 介绍了 一 个 很 好 的 工作。
Péngyou bāng tā jièshàole yí ge hěn hǎo de gōngzuò.

男：他 在 哪里 工作？
Tā zài nǎlǐ gōngzuò?

女：在 学校。
Zài xuéxiào.

问：小 张 的 工作 最 有 可能 是 什么？
Xiǎo Zhāng de gōngzuò zuì yǒu kěnéng shì shénme?

32. 女：你 不 是 和 小 李 一起 去 的 吗？怎么 一 个 人 回来 了？
Nǐ bú shì hé Xiǎo Lǐ yìqǐ qù de ma? Zěnme yí ge rén huílái le?

男：她 要 去 看 一 个 朋友。
Tā yào qù kàn yí ge péngyou.

女：那 她 什么 时候 回来？
Nà tā shénme shíhou huílái?

男：下 个 星期日。
Xià ge xīngqīrì.

问：小 李 什么 时候 回来？
Xiǎo Lǐ shénme shíhou huílái?

33. 男：Xià ge yuè wǒ gēge yào lái Zhōngguó lǚyóu.
    下 个 月 我 哥哥 要 来 中国 旅游。

    女：Shì ma? Nà nǐ yào hǎohāo zhǔnbèi yíxià.
    是 吗？那 你 要 好好 准备 一下。

    男：Shì de, wǒ zhèngzài xiǎng, nǎlǐ yǒu hǎochī de, hǎowán de.
    是 的，我 正在 想，哪里 有 好吃 的，好玩 的。

    女：Dào diànnǎo shang kànkan ba.
    到 电脑 上 看看 吧。

    问：Tā gēge lái Zhōngguó zuò shénme?
    他 哥哥 来 中国 做 什么？

34. 男：Māma, nín kànjiàn wǒ zhuōzi shang de shū le ma?
    妈妈，您 看见 我 桌子 上 的 书 了 吗？

    女：Zài nǎlǐ? Wǒ méi kànjiàn.
    在 哪里？我 没 看见。

    男：Jiù zài diànshì pángbiān de zhuōzi shang.
    就 在 电视 旁边 的 桌子 上。

    女：Ràng wǒ xiǎngxiang.
    让 我 想想。

    问：Nán de zài zhǎo shénme?
    男 的 在 找 什么？

35. 女：Wáng xiānsheng, yǒu rén dǎ diànhuà zhǎo nín.
    王 先生，有 人 打 电话 找 您。

    男：Shénme shíhou? Shéi zhǎo wǒ?
    什么 时候？谁 找 我？

    女：Yí ge xiǎoshí qián, shì nín de nǚ'ér.
    一 个 小时 前，是 您 的 女儿。

    男：Hǎo de, wǒ zhīdào le.
    好 的，我 知道 了。

    问：Shì shéi dǎ de diànhuà?
    是 谁 打 的 电话？

HSK 모의고사 제11회 답안

一. 听力

1. ×   2. √   3. √   4. ×   5. √
6. ×   7. ×   8. √   9. ×   10. √
11. C   12. E   13. B   14. A   15. D
16. B   17. D   18. A   19. C   20. E
21. B   22. C   23. A   24. B   25. C
26. B   27. C   28. A   29. B   30. B
31. A   32. B   33. A   34. C   35. B

二. 阅读

36. F   37. A   38. C   39. E   40. D
41. C   42. F   43. B   44. E   45. A
46. √   47. √   48. ×   49. √   50. ×
51. B   52. D   53. A   54. C   55. E
56. D   57. C   58. A   59. E   60. B

新HSK 모의고사 제11회 듣기 대본

第一部分 Dì-yī bùfen

一共 10 个 题，每题 听 两 次。
Yígòng 10 ge tí, měi tí tīng liǎng cì.

例如： 我 家 有 三 口 人。
Lìrú: Wǒ jiā yǒu sān kǒu rén.

我 每 天 坐 地铁 去 上班。
Wǒ měi tiān zuò dìtiě qù shàngbān.

现在 开始 第 1 题：
Xiànzài kāishǐ dì 1 tí:

1. 这 是 我 新 开 的 饭店。
   Zhè shì wǒ xīn kāi de fàndiàn.

2. 我 和 爸爸 爱 踢 足球。
   Wǒ hé bàba ài tī zúqiú.

3. 下班 了，大家 明天 见。
   Xiàbān le, dàjiā míngtiān jiàn.

4. 这 几 天 都 是 阴 天。
   Zhè jǐ tiān dōu shì yīn tiān.

5. 他 家 住在 213 号 房间。
   Tā jiā zhùzài 213 hào fángjiān.

6. 看到 同学们 来 了，他 笑 了。
   Kàndào tóngxuémen lái le, tā xiào le.

7. 每 天 吃 个 苹果 对 身体 好。
   Měi tiān chī ge píngguǒ duì shēntǐ hǎo.

8. 妈妈 工作了 一 天，很 累。
   Māma gōngzuòle yì tiān, hěn lèi.

9. 钱 先生 家 的 狗 是 白色 的。
   Qián xiānsheng jiā de gǒu shì báisè de.

10. 同学们，考试 的 时候 不要 说话。
    Tóngxuémen, kǎoshì de shíhou búyào shuōhuà.

Dì-èr bùfen
第二 部分

Yígòng　　ge　tí, měi　tí　tīng liǎng cì.
一共　10 个　题，每 题 听　两　次。

Lìrú:　　　　Nǐ　xǐhuan shénme yùndòng?
例如：　男：你　喜欢　什么　运动？

　　　　　　Wǒ　xǐhuan　dǎ　lánqiú.
　　　女：我　喜欢　打　篮球。

Xiànzài kāishǐ dì　　dào　　tí:
现在　开始　第 11 到 15 题：

　　　　　Xiǎojiě, wǒ　kěyǐ　kànkan nà　jiàn　hēisè　de ma?
11. 男：小姐，我 可以　看看　那　件　黑色　的 吗？
　　　　　Kěyǐ.
　　女：可以。

　　　　　Nǐ　xiànzài yǒu shíjiān ma?
12. 男：你 现在　有　时间 吗？
　　　　　Wǒ xiànzài hěn máng, děng　yíhuìr　gěi　nǐ　huí diànhuà.
　　女：我 现在　很　忙，等　一会儿　给　你　回　电话。

　　　　　Duìbuqǐ,　wǒ jīntiān yǒu shì, yào zǎo zǒu　yíhuìr.
13. 男：对不起，我 今天 有 事，要 早 走 一会儿。
　　　　　Méi guānxi, nǐ　huíqù　ba.
　　女：没 关系，你 回去 吧。

　　　　　Bié shuì le, kuài qǐchuáng, érzi.
14. 女：别 睡 了，快 起床，儿子。
　　　　　Wǒ zài shuì wǔ fēnzhōng.
　　男：我 再 睡 五 分钟。

　　　　　Xuě xià de zhēn dà.
15. 男：雪 下 得 真 大。
　　　　　Wǒ dì-yī　cì kànjiàn xuě, wǒmen　nàr　bú　xià xuě.
　　女：我 第一 次 看见 雪，我们 那儿 不 下 雪。

Xiànzài kāishǐ dì　　dào　　tí:
现在　开始　第 16 到 20 题：

16. 男：Xiànzài shì jiǔ diǎn, bú shì bā diǎn.
    现在是九点，不是八点。
    女：Zhēn de ma? Wǒ de shǒubiǎo màn le.
    真的吗？我的手表慢了。

17. 男：Zhè shì Bái lǎoshī de shū, nǐ néng bāng wǒ gěi tā ma?
    这是白老师的书，你能帮我给他吗？
    女：Méi wèntí.
    没问题。

18. 男：Yàobuyào gěi nǐ zuò diǎnr miàntiáo?
    要不要给你做点儿面条？
    女：Bié zuò le, wǒ xǐhuan chī mǐfàn.
    别做了，我喜欢吃米饭。

19. 男：Lái zhǎo wǒ de shì shénme rén?
    来找我的是什么人？
    女：Bú rènshi, tā hěn gāo, yǎnjing hěn dà, hěn piàoliang.
    不认识，她很高，眼睛很大，很漂亮。

20. 男：Māo hé gǒu, nǐ xǐhuan nǎ yí ge?
    猫和狗，你喜欢哪一个？
    女：Wǒ xǐhuan māo.
    我喜欢猫。

Dì-sān bùfen
第三部分

Yígòng ge tí, měi tí tīng liǎng cì.
一共 10 个题，每题听两次。

Lìrú: 男：Xiǎo Wáng, zhèlǐ yǒu jǐ jiàn yīfu, nǎge shì nǐ de?
例如： 小王，这里有几件衣服，哪个是你的？
女：Zuǒbian nà jiàn hóngsè de shì wǒ de.
左边那件红色的是我的。

问：Xiǎo Wáng de yīfu shì shénme yánsè de?
小王的衣服是什么颜色的？

Xiànzài kāishǐ dì tí:
现在开始第 21 题：

21. 男：太热了，吃点儿西瓜吧。
    女：家里没有了，我现在去买吧。
    问：女的要去买什么？

22. 男：我每天早上喝一杯牛奶。
    女：我也是，但我喝两杯。
    问：女的早上喝什么？

23. 女：高先生，您女儿给您来电话了。
    男：好的，我知道了。
    问：电话是谁打的？

24. 男：水在桌子上，你喝吧。
    女：但是，我想喝咖啡。
    问：桌子上有什么？

25. 男：今天是6月1号，还有四天你就要回国了。
    女：是的，时间太快了。
    问：女的什么时候回国？

26. 男：你家离学校有多远？十分钟能到吗？
    女：坐车能到，走路要三十分钟。
    问：从她家坐车到学校要多长时间？

27. 男：你好，这个手表怎么卖？
    女：这个不贵，九百。
    问：男的要买什么？

28. 男：那边有我的泳衣吗？你帮我找找。
    女：在跑步机那儿。
    问：男的要找什么？

29. 男：小红，你这次考了一百分。
    女：太好了，我这次比上次多了二十分。
    问：女的上次考了多少分？

30. 男：你第一天上班，早点儿去。
    女：好，八点上班，我七点就走。
    问：女的几点上班？

第四部分
Dì-sì bùfen

Yígòng ge tí, měi tí tīng liǎng cì.
一共 5 个 题，每 题 听 两 次。

例如： 女：请在这儿写您的电话号码。
Lìrú: Qǐng zài zhèr xiě nín de diànhuà hàomǎ.

男：是这儿吗？
Shì zhèr ma?

女：不是，是这儿。
Bú shì, shì zhèr.

男：好，谢谢。
Hǎo, xièxie.

问：男的要写什么？
Nán de yào xiě shénme?

现在 开始 第 31 题：
Xiànzài kāishǐ dì tí:

31. 女：你好，买点儿什么？
Nǐ hǎo, mǎi diǎnr shénme?

男：你好，我想买点儿鸡蛋和水果。
Nǐ hǎo, wǒ xiǎng mǎi diǎnr jīdàn hé shuǐguǒ.

女：不好意思，鸡蛋卖完了，水果还有。
Bù hǎoyìsi, jīdàn màiwán le, shuǐguǒ hái yǒu.

男：那我买点儿水果。
Nà wǒ mǎi diǎnr shuǐguǒ.

问：男的买了什么？
Nán de mǎile shénme?

32. 男：你有时间吗？我想请你看电影。
Nǐ yǒu shíjiān ma? Wǒ xiǎng qǐng nǐ kàn diànyǐng.

女：我今天想休息，明天怎么样？
Wǒ jīntiān xiǎng xiūxi, míngtiān zěnmeyàng?

男：可以，那我买明天的票。
Kěyǐ, nà wǒ mǎi míngtiān de piào.

女：好，那明天见。
Hǎo, nà míngtiān jiàn.

问：他们什么时候看电影？
Tāmen shénme shíhou kàn diànyǐng?

33. 男：Zhèxiē qiānbǐ duōshao qián?
    这些 铅笔 多少 钱?

    女：Èrshísì kuài.
    二十四 块。

    男：Gěi nǐ yìbǎi, kěyǐ ma?
    给 你 一百, 可以 吗?

    女：Kěyǐ, zhǎo nín qīshíliù.
    可以, 找 您 七十六。

    问：Zhèxiē qiānbǐ duōshao qián?
    这些 铅笔 多少 钱?

34. 男：Jiǔ diǎn de fēijī, nǐ zěnme hái méi dào?
    九 点 的 飞机, 你 怎么 还 没 到?

    女：Wǒ zhèngzài lùshang ne, nǐ yǐjīng dào le ma?
    我 正在 路上 呢, 你 已经 到 了 吗?

    男：Wǒ sānshí fēnzhōng qián jiù dào jīchǎng le.
    我 三十 分钟 前 就 到 机场 了。

    女：Lùshang chē tài duō le, wǒ hěn kuài jiù dào le.
    路上 车 太 多 了, 我 很 快 就 到 了。

    问：Nǚ de yào qù nǎr?
    女 的 要 去 哪儿?

35. 男：Nǐ chuān de shì zuótiān mǎi de yīfu ma?
    你 穿 的 是 昨天 买 的 衣服 吗?

    女：Shì de, nǐ juéde zěnmeyàng?
    是 的, 你 觉得 怎么样?

    男：Yánsè hěn hǎo, dànshì yǒudiǎnr dà.
    颜色 很 好, 但是 有点儿 大。

    女：Shì de, tài cháng le.
    是 的, 太 长 了。

    问：Nán de juéde zhè jiàn yīfu zěnmeyàng?
    男 的 觉得 这 件 衣服 怎么样?

HSK 모의고사 제12회 답안

一. 听力

1. ×   2. √   3. √   4. √   5. ×
6. ×   7. ×   8. ×   9. √   10. √
11. C   12. E   13. A   14. B   15. D
16. B   17. E   18. A   19. C   20. D
21. C   22. C   23. B   24. B   25. A
26. C   27. B   28. A   29. C   30. A
31. C   32. C   33. B   34. B   35. A

二. 阅读

36. F   37. E   38. A   39. C   40. D
41. E   42. A   43. F   44. B   45. C
46. √   47. √   48. ×   49. ×   50. ×
51. C   52. A   53. E   54. B   55. D
56. C   57. B   58. A   59. E   60. D

新 HSK 모의고사 제12회 듣기 대본

第一部分
Dì-yī bùfen

一共 10 个 题，每 题 听 两 次。
Yígòng ge tí, měi tí tīng liǎng cì.

例如： 我 家 有 三 口 人。
Lìrú: Wǒ jiā yǒu sān kǒu rén.

　　　 我 每 天 坐 地铁 去 上班。
　　　 Wǒ měi tiān zuò dìtiě qù shàngbān.

现在 开始 第 1 题：
Xiànzài kāishǐ dì tí:

1. 爸爸 在 看 报纸 呢。
   Bàba zài kàn bàozhǐ ne.

2. 夏天 我 喜欢 吃 西瓜。
   Xiàtiān wǒ xǐhuan chī xīguā.

3. 今天，妈妈 给 我 买了 一 个 书桌。
   Jīntiān, māma gěi wǒ mǎile yí ge shūzhuō.

4. 我 想 送给 丈夫 一 块儿 手表。
   Wǒ xiǎng sònggěi zhàngfu yí kuàir shǒubiǎo.

5. 他 在 302 房间 等 我们 呢。
   Tā zài fángjiān děng wǒmen ne.

6. 公共汽车 快 来 了，你 准备 好 钱。
   Gōnggòngqìchē kuài lái le, nǐ zhǔnbèi hǎo qián.

7. 明天 是 晴 天，但是 有点儿 冷。
   Míngtiān shì qíng tiān, dànshì yǒudiǎnr lěng.

8. 太 累 了，我 不 想 洗 衣服。
   Tài lèi le, wǒ bù xiǎng xǐ yīfu.

9. 这个 车 出了 一些 问题。
   Zhège chē chūle yìxiē wèntí.

10. 我 每 天 早上 六 点 起床。
    Wǒ měi tiān zǎoshang liù diǎn qǐchuáng.

Dì-èr bùfen
第二 部分

Yígòng ___ ge tí, měi tí tīng liǎng cì.
一共 10个 题，每 题 听 两 次。

Lìrú: Nǐ xǐhuan shénme yùndòng?
例如： 男：你 喜欢 什么 运动？

        Wǒ xǐhuan dǎ lánqiú.
      女：我 喜欢 打 篮球。

Xiànzài kāishǐ dì ___ dào ___ tí:
现在 开始 第 11 到 15 题：

11. Zhège shàngyī yánsè bú tài hǎo ba?
    男：这个 上衣 颜色 不 太 好 吧？

    Wǒ juéde hěn hǎokàn, mǎi le ba.
    女：我 觉得 很 好看，买 了 吧。

12. Nǐ wèi shénme bù mǎi nàge diànnǎo ne?
    男：你 为 什么 不 买 那个 电脑 呢？

    Tài guì le, wǒ méiyǒu tài duō de qián.
    女：太 贵 了，我 没有 太 多 的 钱。

13. Zhè běn shū búcuò, nǐ kàn le ma?
    男：这 本 书 不错，你 看 了 吗？

    Méiyǒu, zhè jǐ tiān tài máng le.
    女：没有，这 几 天 太 忙 了。

14. Nǐ xiǎng hē diǎnr shénme?
    女：你 想 喝 点儿 什么？

    Yì bēi kāfēi, xièxie.
    男：一 杯 咖啡，谢谢。

15. Wǒmen wǎnshang qù chàng gē ba.
    男：我们 晚上 去 唱 歌 吧。

    Kěyǐ, jǐ diǎn qù?
    女：可以，几 点 去？

Xiànzài kāishǐ dì ___ dào ___ tí:
现在 开始 第 16 到 20 题：

16. 男：小李，你吃药了吗？
    女：没有，我的身体已经好了。

17. 男：你给家人打电话了吗？
    女：打过了，他们都很好。

18. 男：那个打球的男孩儿是谁，你认识吗？
    女：认识，他是我弟弟。

19. 男：外面下雪了，你慢点儿走。
    女：好的，你也是。

20. 男：这个饭店的鱼非常好吃。
    女：是吗？我们去吃吧。

第三部分

一共10个题，每题听两次。

例如：男：小王，这里有几件衣服，哪个是你的？
    女：左边那件红色的是我的。

问：小王的衣服是什么颜色的？

现在开始第21题：

21. 男：Zuótiān lǎoshī shuō de nà běn shū nǐ mǎi le ma?
    昨天 老师 说 的 那 本 书 你 买 了 吗?

    女：Hái méiyǒu, míngtiān xiàwǔ wǒmen yìqǐ qù mǎi ba.
    还 没有，明天 下午 我们 一起 去 买 吧。

    问：Tāmen shénme shíhou qù mǎi shū?
    他们 什么 时候 去 买 书?

22. 男：Miàntiáo zuòhǎo le, nǐ chībuchī?
    面条 做好 了，你 吃不吃?

    女：Wǒ bù xiǎng chī, wǒ xiǎng chī mǐfàn.
    我 不 想 吃，我 想 吃 米饭。

    问：Nǚ de xiǎng chī shénme?
    女 的 想 吃 什么?

23. 男：Jīntiān Xiǎo Lǐ zài nǎge jiàoshì shàngkè?
    今天 小 李 在 哪个 教室 上课?

    女：Shàngwǔ tā zài 202, xiàwǔ tā zài 306.
    上午 她 在 202，下午 她 在 306。

    问：Jīntiān xiàwǔ Xiǎo Lǐ zài nǎge jiàoshì shàngkè?
    今天 下午 小 李 在 哪个 教室 上课?

24. 男：Liù yuè shíliù rì nà tiān shì nǐ de shēngrì ma?
    六 月 十六 日 那 天 是 你 的 生日 吗?

    女：Bú shì, wǒ de shēngrì shì liù yuè shíbā hào.
    不 是，我 的 生日 是 六 月 十八 号。

    问：Nǎ tiān shì tā de shēngrì?
    哪 天 是 她 的 生日?

25. 女：Nǐ kàn, zhè jiù shì wǒ zhù de fángjiān.
    你 看，这 就 是 我 住 的 房间。

    男：Hěn piàoliang, dànshì méiyǒu wǒ de fángjiān dà.
    很 漂亮，但是 没有 我 的 房间 大。

    问：Nán de juéde zhège fángjiān zěnmeyàng?
    男 的 觉得 这个 房间 怎么样?

26. 男：下个月，我要去医院上班。
    女：真的吗？太好了。
    问：男的要去哪儿上班？

27. 女：喂，你什么时候回家吃饭？我们都等你呢。
    男：我还要打个电话，一打完电话就回去。
    问：男的什么时候回家？

28. 男：你穿得太少了，再穿一件吧。
    女：没关系，我不冷。
    问：男的想让女的做什么？

29. 男：都十二点了，你怎么还在学习？
    女：明天有考试，我还要再学一会儿。
    问：女的在做什么？

30. 男：这个商店的东西比那个商店便宜。
    女：是吗？我们买一些黑笔吧。
    问：女的要买什么？

第四部分
Dì-sì bùfen

Yígòng 5 ge tí, měi tí tīng liǎng cì.
一共 5 个 题，每 题 听 两 次。

例如： 女：Qǐng zài zhèr xiě nín de diànhuà hàomǎ.
请 在 这儿 写 您 的 电话 号码。

男：Shì zhèr ma?
是 这儿 吗？

女：Bú shì, shì zhèr.
不 是，是 这儿。

男：Hǎo, xièxie.
好，谢谢。

问：Nán de yào xiě shénme?
男 的 要 写 什么？

Xiànzài kāishǐ dì 31 tí:
现在 开始 第 31 题：

31. 女：Nǐ jīntiān zěnme láiwǎn le?
你 今天 怎么 来晚 了？

男：Lùshang chē tài duō le, chē kāi de hěn màn.
路上 车 太 多 了，车 开 得 很 慢。

女：Shì de, yǒu shíhou zǒulù bǐ kāichē kuài.
是 的，有 时候 走路 比 开车 快。

男：Míngtiān wǒ yào zǎo yìdiǎnr chūmén.
明天 我 要 早 一点儿 出门。

问：Nán de míngtiān yào zěnme zuò?
男 的 明天 要 怎么 做？

32. 女：Nǐ tài kuài le, děngyiděng wǒ!
你 太 快 了，等一等 我！

男：Zǒu kuài yìxiē, duì shēntǐ hǎo.
走 快 一些，对 身体 好。

女：Wǒ lèi le, bù zǒu le.
我 累 了，不 走 了。

男：Hǎo ba, wǒ zài qiánbian děng nǐ.
好 吧，我 在 前边 等 你。

问：Tāmen zuì yǒu kěnéng zài zuò shénme?
他们 最 有 可能 在 做 什么？

33. 男：你们家里不是有电视吗？
    女：有，但是爸爸妈妈喜欢看的，我觉得没有意思。
    男：所以你想再买一个？
    女：是的，我可以想看哪个就看哪个。
    问：女的为什么要买电视？

34. 男：你这些天在忙什么呢？
    女：我在学跳舞。
    男：你什么时候开始学的？
    女：上个月。
    问：女的什么时候开始学跳舞的？

35. 女：小王，谢谢你那天送我去医院。
    男：别谢我，我们是朋友。
    女：有时间的时候我请你吃饭。
    男：你太客气了。
    问：女的要请他做什么？

新 HSK 모의고사 제13회 답안

一. 听力

1. √	2. √	3. √	4. ×	5. √
6. √	7. √	8. ×	9. ×	10. √
11. D	12. A	13. E	14. B	15. C
16. B	17. A	18. C	19. E	20. D
21. C	22. A	23. B	24. C	25. B
26. A	27. B	28. B	29. B	30. A
31. B	32. C	33. B	34. A	35. C

二. 阅读

36. D	37. A	38. F	39. C	40. E
41. B	42. A	43. F	44. C	45. E
46. ×	47. √	48. ×	49. √	50. ×
51. A	52. D	53. C	54. B	55. E
56. A	57. C	58. D	59. B	60. E

新HSK 모의고사 제13회 듣기 대본

第一部分
Dì-yī bùfen

一共 10 个 题，每题 听 两 次。
Yígòng 10 ge tí, měi tí tīng liǎng cì.

例如： 我 家 有 三 口 人。
Lìrú: Wǒ jiā yǒu sān kǒu rén.

我 每 天 坐 地铁 去 上班。
Wǒ měi tiān zuò dìtiě qù shàngbān.

现在 开始 第 1 题：
Xiànzài kāishǐ dì 1 tí:

1. 我 住在 北京。
   Wǒ zhùzài Běijīng.

2. 姐姐 唱 歌 很 好听。
   Jiějie chàng gē hěn hǎotīng.

3. 大家 请 坐下。
   Dàjiā qǐng zuòxià.

4. 今天 的 报纸 在 哪儿？
   Jīntiān de bàozhǐ zài nǎr?

5. 你 喝不喝 咖啡？
   Nǐ hēbuhē kāfēi?

6. 多 吃 水果 对 身体 好。
   Duō chī shuǐguǒ duì shēntǐ hǎo.

7. 李 先生 的 妻子 生病 了。
   Lǐ xiānsheng de qīzi shēngbìng le.

8. 那个 服务员 很 漂亮。
   Nàge fúwùyuán hěn piàoliang.

9. 这 件 衣服 是 这里 最 便宜 的。
   Zhè jiàn yīfu shì zhèlǐ zuì piányi de.

10. 妹妹 正在 准备 考试。
    Mèimei zhèngzài zhǔnbèi kǎoshì.

第二部分 Dì-èr bùfen

Yígòng ge tí, měi tí tīng liǎng cì.
一共 10 个 题，每 题 听 两 次。

Lìrú: Nǐ xǐhuan shénme yùndòng?
例如：男：你 喜欢 什么 运动？

Wǒ xǐhuan dǎ lánqiú.
女：我 喜欢 打 篮球。

Xiànzài kāishǐ dì dào tí:
现在 开始 第 11 到 15 题：

11. Nǐ de shǒujī shì xīn mǎi de ma?
    男：你 的 手机 是 新 买 的 吗？

    Bú shì, zhè shì wǒ māma de.
    女：不 是，这 是 我 妈妈 的。

12. Zhōngwǔ wǒ xiǎng chī miàntiáo, nǐ ne?
    男：中午 我 想 吃 面条，你 呢？

    Wǒ bù xiǎng chī miàntiáo.
    女：我 不 想 吃 面条。

13. Tā wǎnshang jǐ diǎn shuìjiào?
    男：她 晚上 几 点 睡觉？

    Bā diǎn, tā shuì de hěn zǎo.
    女：八 点，她 睡 得 很 早。

14. Wǒmen zuò chūzūchē huí jiā ba!
    男：我们 坐 出租车 回 家 吧！

    Bié zuò le, tài guì le.
    女：别 坐 了，太 贵 了。

15. Zhuōzi shang de zúqiú qù nǎr le?
    男：桌子 上 的 足球 去 哪儿 了？

    Bù zhīdào, wǒ méi kànjiàn.
    女：不 知道，我 没 看见。

Xiànzài kāishǐ dì dào tí:
现在 开始 第 16 到 20 题：

16. 男：哥哥今天怎么这么高兴？
    女：你不知道吗？他今天考试考了一百分。

17. 男：弟弟打电话说什么了？
    女：他说下午和同学去踢足球。

18. 男：下班后我开车送你回家。
    女：好，那你六点到我们公司吧。

19. 男：你的生日是什么时候？
    女：我的生日是三月七号。

20. 男：家里的椅子太少了。
    女：那我们再买几个吧。

第三部分

一共 10 个题，每题听两次。

例如：男：小王，这里有几件衣服，哪个是你的？
女：左边那件红色的是我的。

问：小王的衣服是什么颜色的？

现在开始第 21 题：

21. 男：Nǐ gōngzuòle shí ge xiǎoshí, lèibulèi?
    你 工作了 十 个 小时，累不累？
    女：Yǒuxiē lèi, wǒ qù xiūxi yíxià.
    有些 累，我 去 休息 一下。
    问：Nǚ de gōngzuòle jǐ ge xiǎoshí?
    女 的 工作了 几 个 小时？

22. 男：Yīshēng shuō wǒ yào duō chī cài hé shuǐguǒ, shǎo chī ròu.
    医生 说 我 要 多 吃 菜 和 水果，少 吃 肉。
    女：Shì de, nǐ yě yào duō zuò yùndòng.
    是 的，你 也 要 多 做 运动。
    问：Nǚ de xīwàng nán de zuò shénme?
    女 的 希望 男 的 做 什么？

23. 男：Jiějie, zhè shì wǒ de péngyou Xiǎo Lǐ.
    姐姐，这 是 我 的 朋友 小 李。
    女：Xiǎo Lǐ, nǐ hǎo.
    小 李，你 好。
    问：Tā de péngyou xìng shénme?
    他 的 朋友 姓 什么？

24. 男：Nǐ de niúnǎi hái méi hē ne.
    你 的 牛奶 还 没 喝 呢。
    女：Wǒ méiyǒu shíjiān le, zàijiàn.
    我 没有 时间 了，再见。
    问：Nǚ de méiyǒu hē shénme?
    女 的 没有 喝 什么？

25. 男：Bàba wèi shénme xiànzài hái méi huílái?
    爸爸 为 什么 现在 还 没 回来？
    女：Tā de fēijī wǎnle sìshí fēnzhōng.
    他 的 飞机 晚了 四十 分钟。
    问：Bàba wèi shénme méi huílái?
    爸爸 为 什么 没 回来？

26. 男：我和我哥哥谁高？
    女：我觉得你哥哥比你高。
    问：女的觉得谁高？

27. 男：我的手表现在是九点十六分。
    女：电视上的时间是九点十五分，你的手表快了一分钟。
    问：电视上现在几点？

28. 男：小王的丈夫是老师吗？
    女：是的，他的学生都很喜欢他。
    问：小王的丈夫是做什么的？

29. 女：请在这儿写一下你的房间号。
    男：好的。
    问：女的让男的写什么？

30. 男：天黑了，我要回家了。
    女：好的，明天见。
    问：男的要去哪儿？

第四部分

一共 5 个 题，每 题 听 两 次。

例如：女：请 在 这儿 写 您 的 电话 号码。

男：是 这儿 吗？

女：不 是，是 这儿。

男：好，谢谢。

问：男 的 要 写 什么？

现在 开始 第 31 题：

31. 女：时间 不 多 了。我们 怎么 去 火车站？

男：我们 开车 去。

女：上下班 时间，路上 车 很 多。

男：没 问题，有 一 个 小 路 很 近。

问：为 什么 路上 车 很 多？

32. 男：我们 什么 时候 去 买 电脑？

女：天 晴 了 我们 就 去。

男：雨 下 得 很 大，今天 能 去 吗？

女：再 等一等 吧。

问：现在 天气 怎么样？

33. 男：李老师，你能帮助我儿子学习汉语吗？
    女：可以。
    男：明天上午你有时间吗？
    女：明天上午我有课，明天下午来吧。
    问：他们什么时候学习汉语？

34. 男：你下午去哪儿了？
    女：我去商店买鸡蛋了，今天很便宜。
    男：多少钱？
    女：一百个鸡蛋，五十块钱。
    问：鸡蛋多少钱一个？

35. 男：我们晚上住这家宾馆，怎么样？
    女：这儿有点儿贵。
    男：但是这儿离火车站很近，就住这儿吧。
    女：好吧。
    问：他们为什么要住在这里？

HSK 모의고사 제14회 답안

一. 听力

1. × 2. √ 3. √ 4. × 5. ×
6. √ 7. × 8. × 9. × 10. √
11. D 12. E 13. B 14. A 15. C
16. C 17. E 18. A 19. B 20. D
21. A 22. B 23. B 24. A 25. B
26. A 27. B 28. C 29. A 30. B
31. C 32. C 33. A 34. B 35. B

二. 阅读

36. E 37. D 38. A 39. F 40. C
41. E 42. B 43. A 44. C 45. F
46. × 47. √ 48. √ 49. × 50. ×
51. E 52. D 53. B 54. C 55. A
56. D 57. C 58. E 59. B 60. A

新 HSK 모의고사 제14회 듣기 대본

Dì-yī bùfen
第一部分

Yígòng ge tí, měi tí tīng liǎng cì.
一共 10 个 题，每 题 听 两 次。

Lìrú: Wǒ jiā yǒu sān kǒu rén.
例如： 我 家 有 三 口 人。

　　　Wǒ měi tiān zuò dìtiě qù shàngbān.
　　　我 每 天 坐 地铁 去 上班。

Xiànzài kāishǐ dì tí:
现在 开始 第 1 题：

　　Wǒ de diànnǎo gěi dìdi le.
1. 我 的 电脑 给 弟弟 了。

　　Nǐ zǎoshang chīle jǐ ge jīdàn?
2. 你 早上 吃了 几 个 鸡蛋？

　　Lǐ yīshēng bú zài yīyuàn, nǐ míngtiān zài lái ba.
3. 李 医生 不 在 医院，你 明天 再 来 吧。

　　Wǒ hěn ài wǒ māma.
4. 我 很 爱 我 妈妈。

　　Zhèlǐ de kāfēi fēicháng hǎohē.
5. 这里 的 咖啡 非常 好喝。

　　Wǒ yào yì bēi niúnǎi.
6. 我 要 一 杯 牛奶。

　　Wǒ yǐjīng qǐchuáng yí ge xiǎoshí le.
7. 我 已经 起床 一 个 小时 了。

　　Zhè kuàir shǒubiǎo hěn piàoliang.
8. 这 块儿 手表 很 漂亮。

　　Māma ràng wǒ xué tiàowǔ.
9. 妈妈 让 我 学 跳舞。

　　Zhège yīfu hái yǒu shénme yánsè?
10. 这个 衣服 还 有 什么 颜色？

Dì-èr bùfen
第二 部分

Yígòng　　　ge　tí, měi　tí　tīng liǎng cì.
一共 10 个 题，每 题 听 两 次。

Lìrú:　　　Nǐ　xǐhuan shénme yùndòng?
例如： 男：你 喜欢 什么 运动？

　　　　　Wǒ xǐhuan dǎ　lánqiú.
　　　女：我 喜欢 打 篮球。

Xiànzài kāishǐ dì　　dào　　tí:
现在 开始 第 11 到 15 题：

　　　　　Zhège jiàoshì xīngqīrì　kāimén ma?
11. 男：这个 教室 星期日 开门 吗？

　　　　　Xīngqīrì　bù kāimén.
　　女：星期日 不 开门。

　　　　　Nǐmen zǎoshang jǐ　diǎn shàngkè?
12. 男：你们 早上 几 点 上课？

　　　　　Wǒmen bā　diǎn shàngkè.
　　女：我们 八 点 上课。

　　　　　Nǐ　bàba měi tiān dōu hē chá ma?
13. 男：你 爸爸 每 天 都 喝 茶 吗？

　　　　　Duì, tā xǐhuan zǎoshang hē chá.
　　女：对，他 喜欢 早上 喝 茶。

　　　　　Nǐ juéde shéi chàng de hǎo?
14. 男：你 觉得 谁 唱 得 好？

　　　　　Wǒ juéde nàge nǚ　háir chàng de hǎo.
　　女：我 觉得 那个 女 孩儿 唱 得 好。

　　　　　Yǔ　xià de tài dà　le, wǒ xiǎng děng yíhuìr zài huí jiā.
15. 女：雨 下 得 太 大 了，我 想 等 一会儿 再 回 家。

　　　　　Wǒ kāichē sòng nǐ　ba.
　　男：我 开车 送 你 吧。

Xiànzài kāishǐ dì　　dào　　tí:
现在 开始 第 16 到 20 题：

16. 男：Nǐ kàn, zhuōzi xiàmiàn shì shénme?
    你 看，桌子 下面 是 什么？
    女：Shì yí ge zúqiú.
    是 一 个 足球。

17. 男：Lǎoshī, zhège tí wèi shénme cuò le?
    老师，这个 题 为 什么 错 了？
    女：Zhège zì xiěcuò le.
    这个 字 写错 了。

18. 男：Qiánmiàn lái de shì 16 lù gōnggòngqìchē ma?
    前面 来 的 是 16 路 公共汽车 吗？
    女：Bú shì, shì 26 lù.
    不 是，是 26 路。

19. 男：Zhè jiā fàndiàn de miàntiáo hǎochī ma?
    这 家 饭店 的 面条 好吃 吗？
    女：Hái búcuò, wǒmen qù chī ba.
    还 不错，我们 去 吃 吧。

20. 男：Nǐ nán péngyou jīntiān méi lái ma?
    你 男 朋友 今天 没 来 吗？
    女：Méiyǒu, tā shēngbìng le.
    没有，他 生病 了。

Dì-sān bùfen
第三 部分

Yígòng 10 ge tí, měi tí tīng liǎng cì.
一共 10 个 题，每 题 听 两 次。

Lìrú: 男：Xiǎo Wáng, zhèlǐ yǒu jǐ jiàn yīfu, nǎge shì nǐ de?
例如： 小 王，这里 有 几 件 衣服，哪个 是 你 的？
女：Zuǒbian nà jiàn hóngsè de shì wǒ de.
左边 那 件 红色 的 是 我 的。

问：Xiǎo Wáng de yīfu shì shénme yánsè de?
小 王 的 衣服 是 什么 颜色 的？

Xiànzài kāishǐ dì 21 tí:
现在 开始 第 21 题：

21. 男：家里还有西瓜吗？我想吃一块儿。
    女：没有了，苹果可以吗？
    问：男的想吃什么？

22. 男：什么时候去北京旅游最好？
    女：我觉得三月和十月最好。
    问：男的想去做什么？

23. 男：听说小红住院了。
    女：是的，我昨天去医院看她了。
    问：女的去医院做什么？

24. 男：昨天和你一起去商店的人是你姐姐吗？
    女：不是，她是我朋友。
    问：昨天女的和谁去商店了？

25. 女：你的篮球找到了吗？
    男：没有，但是我还有一个新的。
    问：男的在找什么？

26. 男：Nà liǎng ge shāngdiàn dōu hěn hǎo, nǐ xiǎng qù nǎge?
    那 两 个 商店 都 很 好，你 想 去 哪个？

    女：Nǎge lí wǒmen jìn, wǒmen jiù qù nǎge.
    哪个 离 我们 近，我们 就 去 哪个。

    问：Nǚ de xiǎng qù nǎge shāngdiàn?
    女 的 想 去 哪个 商店？

27. 男：Nǐ gōngzuò yì tiān le, xiūxi ba.
    你 工作 一 天 了，休息 吧。

    女：Wǒ bú lèi, wǒ zài kànkan shū.
    我 不 累，我 再 看看 书。

    问：Nǚ de yào zuò shénme?
    女 的 要 做 什么？

28. 男：Zhè jǐ tiān yóuyǒng de rén hěn duō ba?
    这 几 天 游泳 的 人 很 多 吧？

    女：Shì de, tiānqì tài rè le.
    是 的，天气 太 热 了。

    问：Zhè jǐ tiān hěn duō rén zuò shénme?
    这 几 天 很 多 人 做 什么？

29. 男：Yǐjīng bā diǎn le, bàba zěnme hái méi huílái?
    已经 八 点 了，爸爸 怎么 还 没 回来？

    女：Tā zài wàimiàn hé péngyou chī fàn.
    他 在 外面 和 朋友 吃 饭。

    问：Bàba zài wàimiàn zuò shénme?
    爸爸 在 外面 做 什么？

30. 男：Nǐ zhùzài nǎge fángjiān? Wǒ qù zhǎo nǐ.
    你 住在 哪个 房间？我 去 找 你。

    女：Wǒ zhùzài fángjiān.
    我 住在 403 房间。

    问：Nǚ de zhùzài nǎge fángjiān?
    女 的 住在 哪个 房间？

第四部分 Dì-sì bùfen

一共 5 个 题，每 题 听 两 次。
Yígòng ge tí, měi tí tīng liǎng cì.

例如： Lìrú:
女：请 在 这儿 写 您 的 电话 号码。
Qǐng zài zhèr xiě nín de diànhuà hàomǎ.

男：是 这儿 吗？
Shì zhèr ma?

女：不 是，是 这儿。
Bú shì, shì zhèr.

男：好，谢谢。
Hǎo, xièxie.

问：男 的 要 写 什么？
Nán de yào xiě shénme?

现在 开始 第 31 题：
Xiànzài kāishǐ dì tí:

31. 女：这个 白色 的 椅子 是 我 新 买 的，漂亮 吧？
    Zhège báisè de yǐzi shì wǒ xīn mǎi de, piàoliang ba?

    男：很 漂亮，多少 钱？
    Hěn piàoliang, duōshao qián?

    女：很 便宜，二十 块 钱。
    Hěn piányi, èrshí kuài qián.

    男：真 的 吗？那 明天 我 也 去 买 一 个。
    Zhēn de ma? Nà míngtiān wǒ yě qù mǎi yí ge.

    问：椅子 是 什么 颜色 的？
    Yǐzi shì shénme yánsè de?

32. 男：外面 下 雨 了，你 慢 点儿 开车。
    Wàimiàn xià yǔ le, nǐ màn diǎnr kāichē.

    女：好 的，我 会 的。
    Hǎo de, wǒ huì de.

    男：你 到 家 给 我 打 个 电话。
    Nǐ dào jiā gěi wǒ dǎ ge diànhuà.

    女：好 的，没 问题。
    Hǎo de, méi wèntí.

    问：天气 怎么样？
    Tiānqì zěnmeyàng?

33. 男：桌子上的报纸是今天的吗?
    女：不是，这是昨天的报纸。
    男：今天的报纸还没送来吗?
    女：一会儿就送来了。
    问：桌子上的报纸是哪天的?

34. 男：这个教室太小了，我们有五十多个学生呢!
    女：那你们去632吧，那个教室大。
    男：但是，那个教室有点儿冷。
    女：那就去617教室吧。
    问：他们为什么不去632教室上课?

35. 男：很晚了，你怎么还不睡觉?
    女：我在准备考试。
    男：你什么时候考试?
    女：我四月六号考试，没几天了。
    问：女的哪天考试?

HSK 모의고사 제15회 답안

一. 听力

1. √	2. ×	3. √	4. √	5. √
6. ×	7. √	8. ×	9. √	10. ×
11. D	12. C	13. A	14. E	15. B
16. B	17. E	18. D	19. A	20. C
21. A	22. C	23. B	24. A	25. C
26. A	27. C	28. C	29. B	30. C
31. B	32. A	33. C	34. B	35. A

二. 阅读

36. C	37. F	38. A	39. D	40. E
41. F	42. A	43. C	44. B	45. E
46. ×	47. √	48. ×	49. ×	50. ×
51. C	52. D	53. E	54. A	55. B
56. B	57. C	58. A	59. E	60. D

新HSK 모의고사 제15회 듣기 대본

第一部分
Dì-yī bùfen

Yígòng 10 ge tí, měi tí tīng liǎng cì.
一共 10 个 题，每 题 听 两 次。

Lìrú: Wǒ jiā yǒu sān kǒu rén.
例如： 我 家 有 三 口 人。

Wǒ měi tiān zuò dìtiě qù shàngbān.
我 每 天 坐 地铁 去 上班。

Xiànzài kāishǐ dì 1 tí:
现在 开始 第 1 题：

1. Kuài kàn, wàimiàn xià xuě le.
   快 看，外面 下 雪 了。

2. Zhège xīguā zěnme mài?
   这个 西瓜 怎么 卖？

3. Qǐng jìn, qǐngwèn nǐ zhǎo shéi?
   请 进，请问 你 找 谁？

4. Wǒ zhè cì kǎole dì-yī míng, hěn gāoxìng.
   我 这 次 考了 第一 名，很 高兴。

5. Shàngbān de shíhou bù néng wán shǒujī.
   上班 的 时候 不 能 玩 手机。

6. Qīzi měi tiān zǎoshang dōu huì hē yì bēi chá.
   妻子 每 天 早上 都 会 喝 一 杯 茶。

7. Xiǎo Lǐ de gē chàng de fēicháng hǎotīng.
   小 李 的 歌 唱 得 非常 好听。

8. Wǎng qián zǒu, liǎng fēnzhōng jiù dào le.
   往 前 走，两 分钟 就 到 了。

9. Háizimen zhèngzài tī zúqiú.
   孩子们 正在 踢 足球。

10. Nǚ'ér tīngwán wǒ shuō de huà xiào le.
    女儿 听完 我 说 的 话 笑 了。

第二部分
Dì-èr bùfen

一共 10 个 题，每题 听 两 次。
Yígòng 10 ge tí, měi tí tīng liǎng cì.

例如： 男：你 喜欢 什么 运动？
Lìrú: Nǐ xǐhuan shénme yùndòng?

　　　女：我 喜欢 打 篮球。
Wǒ xǐhuan dǎ lánqiú.

现在 开始 第 11 到 15 题：
Xiànzài kāishǐ dì 11 dào 15 tí:

11. 男：我 去 上班 了。
Wǒ qù shàngbān le.

　　女：路上 慢 点儿。
Lùshang màn diǎnr.

12. 男：你 好，请问 您 要 买 点儿 什么？
Nǐ hǎo, qǐngwèn nín yào mǎi diǎnr shénme?

　　女：你 这里 有 杯子 吗？
Nǐ zhèlǐ yǒu bēizi ma?

13. 男：天 阴 了，一会儿 可能 要 下 雨。
Tiān yīn le, yíhuìr kěnéng yào xià yǔ.

　　女：那 你 出去 的 时候 多 穿 点儿 衣服。
Nà nǐ chūqù de shíhou duō chuān diǎnr yīfu.

14. 男：喂，李 老师 在 吗？
Wéi, Lǐ lǎoshī zài ma?

　　女：他 现在 很 忙，下午 再 打 个 电话 吧。
Tā xiànzài hěn máng, xiàwǔ zài dǎ ge diànhuà ba.

15. 男：从 这儿 到 第四 医院 多少 钱？
Cóng zhèr dào Dì-sì Yīyuàn duōshao qián?

　　女：十几 块 钱 吧。请 上 车。
Shíjǐ kuài qián ba. Qǐng shàng chē.

现在 开始 第 16 到 20 题：
Xiànzài kāishǐ dì 16 dào 20 tí:

16. 男：你的汉语书能给我看一下吗?
    女：好，就在那儿，你看吧。

17. 女：这个题你不会吗?
    男：是的，我没听懂。

18. 男：你的车怎么了?
    女：出了点儿小问题，你快帮我看看吧。

19. 男：我的狗不见了，已经找了一个小时了。
    女：我们帮你一起找。

20. 男：我们人多，去哪个教室好?
    女：去305吧，它很大。

第三部分

一共10个题，每题听两次。

例如：男：小王，这里有几件衣服，哪个是你的?
女：左边那件红色的是我的。

问：小王的衣服是什么颜色的?

现在开始第21题：

21. 男：Míngtiān nǐ néng lái tīng wǒ chàng gē ma?
　　　明天 你 能 来 听 我 唱 歌 吗？

　　女：Hǎo, wǒ xiàwǔ liǎng diǎn yǒu kè, xiàle kè jiù qù.
　　　好，我 下午 两 点 有 课，下了 课 就 去。

　　问：Nǚ de míngtiān xiàwǔ liǎng diǎn yào zuò shénme?
　　　女 的 明天 下午 两 点 要 做 什么？

22. 男：Nín kànjiàn mén wài de lánqiú le ma?
　　　您 看见 门 外 的 篮球 了 吗？

　　女：Wǒ méi kànjiàn.
　　　我 没 看见。

　　问：Nán de zài zhǎo shénme?
　　　男 的 在 找 什么？

23. 男：Érzi xiǎng chī yángròu, nǐ huílái de shíhou mǎi diǎnr ba, bié mǎi tài duō.
　　　儿子 想 吃 羊肉，你 回来 的 时候 买 点儿 吧，别 买 太 多。

　　女：Hǎo de, zhīdào le.
　　　好 的，知道 了。

　　问：Nán de shì shénme yìsi?
　　　男 的 是 什么 意思？

24. 男：hào fángjiān xiànzài yǒu rén zhù ma?
　　　203号 房间 现在 有 人 住 吗？

　　女：Yǒu, hào fángjiān méiyǒu rén.
　　　有，201号 房间 没有 人。

　　问：Nǎge fángjiān méiyǒu rén?
　　　哪个 房间 没有 人？

25. 男：Zhè jiàn hēisè de nǐ xǐhuan ma?
　　　这 件 黑色 的 你 喜欢 吗？

　　女：Yìdiǎnr yě bù xǐhuan, wǒ xǐhuan báisè.
　　　一点儿 也 不 喜欢，我 喜欢 白色。

　　问：Nǚ de xǐhuan shénme yánsè?
　　　女 的 喜欢 什么 颜色？

26. 男：看哪个电影好呢？
    女：看七点的吧，前边的那个我看过了。
    问：女的可能看过哪个电影？

27. 男：这个桌子不错，就是太贵了。
    女：那我们去别的商店看看吧。
    问：他们可能在哪儿？

28. 女：去年的衣服，现在不能穿了。
    男：你每天吃完饭就看电脑，和我一起跑步吧。
    问：男的是什么意思？

29. 男：小张怎么还没到？已经九点五十了。
    女：快到了，她说她在出租车上。
    问：现在几点了？

30. 男：天黑了，外面还下雪，我送你回去吧。
    女：没事，我家离这儿很近。
    问：现在天气怎么样？

第四部分

一共 5 个题，每题听两次。

例如：女：请在这儿写您的电话号码。

男：是这儿吗？

女：不是，是这儿。

男：好，谢谢。

问：男的要写什么？

现在开始第 31 题：

31. 女：今天几号？

男：三号。

女：对了，我的朋友说今天要来，现在几点了？

男：快九点了。

问：今天谁来？

32. 女：你的眼睛怎么红了？没睡好？

男：是的，因为有很多工作要做。

女：你要多休息，别太累了。

男：谢谢，知道了。

问：男的为什么没睡好？

33. 男：你 什么 时候 来 的 中国？
    女：2009 年，已经 在 中国 八 年 了。
    男：我 认识 的 人 里，你 的 汉语 最 好！
    女：哪里，听 和 说 还 可以，读 和 写 不 太 好。
    问：女 的 汉语 怎么样？

34. 男：我 明天 要 去 机场，你 能 送 我 吗？
    女：可以，我 明天 没 什么 事，几 点 的 飞机？
    男：下午 三 点。
    女：好，那 我 一 点 到 宾馆 等 您。
    问：男 的 要 去 哪儿？

35. 男：你 妹妹 有 男 朋友 吗？
    女：还 没有，你 要 帮 她 介绍 一 个 吗？
    男：我 有 一 个 同学，今年 35 岁，怎么样？
    女：比 我 妹妹 大 10 岁 呢，我 问问 她 吧。
    问：她 妹妹 今年 多 大？

HSK（二级）答题卡

汉语水平考试 HSK 答题卡

——— 请填写考生信息 ———

按照考试证件上的姓名填写：

姓名

如果有中文姓名，请填写：

中文姓名

考生序号： [0] [1] [2] [3] [4] [5] [6] [7] [8] [9]
[0] [1] [2] [3] [4] [5] [6] [7] [8] [9]
[0] [1] [2] [3] [4] [5] [6] [7] [8] [9]
[0] [1] [2] [3] [4] [5] [6] [7] [8] [9]
[0] [1] [2] [3] [4] [5] [6] [7] [8] [9]

——— 请填写考点信息 ———

考点代码： [0] [1] [2] [3] [4] [5] [6] [7] [8] [9]
[0] [1] [2] [3] [4] [5] [6] [7] [8] [9]
[0] [1] [2] [3] [4] [5] [6] [7] [8] [9]
[0] [1] [2] [3] [4] [5] [6] [7] [8] [9]
[0] [1] [2] [3] [4] [5] [6] [7] [8] [9]
[0] [1] [2] [3] [4] [5] [6] [7] [8] [9]
[0] [1] [2] [3] [4] [5] [6] [7] [8] [9]

国籍： [0] [1] [2] [3] [4] [5] [6] [7] [8] [9]
[0] [1] [2] [3] [4] [5] [6] [7] [8] [9]
[0] [1] [2] [3] [4] [5] [6] [7] [8] [9]

年龄： [0] [1] [2] [3] [4] [5] [6] [7] [8] [9]
[0] [1] [2] [3] [4] [5] [6] [7] [8] [9]

性别： 男 [1]   女 [2]

注意   请用2B铅笔这样写：■

一、听力

1. [✓] [X]
2. [✓] [X]
3. [✓] [X]
4. [✓] [X]
5. [✓] [X]

6. [✓] [X]
7. [✓] [X]
8. [✓] [X]
9. [✓] [X]
10. [✓] [X]

11. [A] [B] [C] [D] [E] [F]
12. [A] [B] [C] [D] [E] [F]
13. [A] [B] [C] [D] [E] [F]
14. [A] [B] [C] [D] [E] [F]
15. [A] [B] [C] [D] [E] [F]

16. [A] [B] [C] [D] [E] [F]
17. [A] [B] [C] [D] [E] [F]
18. [A] [B] [C] [D] [E] [F]
19. [A] [B] [C] [D] [E] [F]
20. [A] [B] [C] [D] [E] [F]

21. [A] [B] [C]
22. [A] [B] [C]
23. [A] [B] [C]
24. [A] [B] [C]
25. [A] [B] [C]

26. [A] [B] [C]
27. [A] [B] [C]
28. [A] [B] [C]
29. [A] [B] [C]
30. [A] [B] [C]

31. [A] [B] [C]
32. [A] [B] [C]
33. [A] [B] [C]
34. [A] [B] [C]
35. [A] [B] [C]

二、阅读

36. [A] [B] [C] [D] [E] [F]
37. [A] [B] [C] [D] [E] [F]
38. [A] [B] [C] [D] [E] [F]
39. [A] [B] [C] [D] [E] [F]
40. [A] [B] [C] [D] [E] [F]

41. [A] [B] [C] [D] [E] [F]
42. [A] [B] [C] [D] [E] [F]
43. [A] [B] [C] [D] [E] [F]
44. [A] [B] [C] [D] [E] [F]
45. [A] [B] [C] [D] [E] [F]

46. [✓] [X]
47. [✓] [X]
48. [✓] [X]
49. [✓] [X]
50. [✓] [X]

51. [A] [B] [C] [D] [E] [F]
52. [A] [B] [C] [D] [E] [F]
53. [A] [B] [C] [D] [E] [F]
54. [A] [B] [C] [D] [E] [F]
55. [A] [B] [C] [D] [E] [F]

56. [A] [B] [C] [D] [E] [F]
57. [A] [B] [C] [D] [E] [F]
58. [A] [B] [C] [D] [E] [F]
59. [A] [B] [C] [D] [E] [F]
60. [A] [B] [C] [D] [E] [F]

HSK（二级）答题卡

汉语水平考试 HSK 答题卡

请填写考生信息

按照考试证件上的姓名填写：

姓名

如果有中文姓名，请填写：

中文姓名

考生序号
[0] [1] [2] [3] [4] [5] [6] [7] [8] [9]
[0] [1] [2] [3] [4] [5] [6] [7] [8] [9]
[0] [1] [2] [3] [4] [5] [6] [7] [8] [9]
[0] [1] [2] [3] [4] [5] [6] [7] [8] [9]
[0] [1] [2] [3] [4] [5] [6] [7] [8] [9]

请填写考点信息

考点代码
[0] [1] [2] [3] [4] [5] [6] [7] [8] [9]
[0] [1] [2] [3] [4] [5] [6] [7] [8] [9]
[0] [1] [2] [3] [4] [5] [6] [7] [8] [9]
[0] [1] [2] [3] [4] [5] [6] [7] [8] [9]
[0] [1] [2] [3] [4] [5] [6] [7] [8] [9]
[0] [1] [2] [3] [4] [5] [6] [7] [8] [9]
[0] [1] [2] [3] [4] [5] [6] [7] [8] [9]

国籍
[0] [1] [2] [3] [4] [5] [6] [7] [8] [9]
[0] [1] [2] [3] [4] [5] [6] [7] [8] [9]
[0] [1] [2] [3] [4] [5] [6] [7] [8] [9]

年龄
[0] [1] [2] [3] [4] [5] [6] [7] [8] [9]
[0] [1] [2] [3] [4] [5] [6] [7] [8] [9]

性别　　男 [1]　　女 [2]

注意　请用2B铅笔这样写：■

一、听力

1. [✓] [✗]
2. [✓] [✗]
3. [✓] [✗]
4. [✓] [✗]
5. [✓] [✗]

6. [✓] [✗]
7. [✓] [✗]
8. [✓] [✗]
9. [✓] [✗]
10. [✓] [✗]

11. [A] [B] [C] [D] [E] [F]
12. [A] [B] [C] [D] [E] [F]
13. [A] [B] [C] [D] [E] [F]
14. [A] [B] [C] [D] [E] [F]
15. [A] [B] [C] [D] [E] [F]

16. [A] [B] [C] [D] [E] [F]
17. [A] [B] [C] [D] [E] [F]
18. [A] [B] [C] [D] [E] [F]
19. [A] [B] [C] [D] [E] [F]
20. [A] [B] [C] [D] [E] [F]

21. [A] [B] [C]
22. [A] [B] [C]
23. [A] [B] [C]
24. [A] [B] [C]
25. [A] [B] [C]

26. [A] [B] [C]
27. [A] [B] [C]
28. [A] [B] [C]
29. [A] [B] [C]
30. [A] [B] [C]

31. [A] [B] [C]
32. [A] [B] [C]
33. [A] [B] [C]
34. [A] [B] [C]
35. [A] [B] [C]

二、阅读

36. [A] [B] [C] [D] [E] [F]
37. [A] [B] [C] [D] [E] [F]
38. [A] [B] [C] [D] [E] [F]
39. [A] [B] [C] [D] [E] [F]
40. [A] [B] [C] [D] [E] [F]

41. [A] [B] [C] [D] [E] [F]
42. [A] [B] [C] [D] [E] [F]
43. [A] [B] [C] [D] [E] [F]
44. [A] [B] [C] [D] [E] [F]
45. [A] [B] [C] [D] [E] [F]

46. [✓] [✗]
47. [✓] [✗]
48. [✓] [✗]
49. [✓] [✗]
50. [✓] [✗]

51. [A] [B] [C] [D] [E] [F]
52. [A] [B] [C] [D] [E] [F]
53. [A] [B] [C] [D] [E] [F]
54. [A] [B] [C] [D] [E] [F]
55. [A] [B] [C] [D] [E] [F]

56. [A] [B] [C] [D] [E] [F]
57. [A] [B] [C] [D] [E] [F]
58. [A] [B] [C] [D] [E] [F]
59. [A] [B] [C] [D] [E] [F]
60. [A] [B] [C] [D] [E] [F]

HSK（二级）答题卡

汉语水平考试 HSK 答题卡

——— 请填写考生信息 ———

按照考试证件上的姓名填写：

姓名

如果有中文姓名，请填写：

中文姓名

考生序号：[0][1][2][3][4][5][6][7][8][9]
[0][1][2][3][4][5][6][7][8][9]
[0][1][2][3][4][5][6][7][8][9]
[0][1][2][3][4][5][6][7][8][9]

——— 请填写考点信息 ———

考点代码：
[0][1][2][3][4][5][6][7][8][9]
[0][1][2][3][4][5][6][7][8][9]
[0][1][2][3][4][5][6][7][8][9]
[0][1][2][3][4][5][6][7][8][9]
[0][1][2][3][4][5][6][7][8][9]
[0][1][2][3][4][5][6][7][8][9]

国籍：
[0][1][2][3][4][5][6][7][8][9]
[0][1][2][3][4][5][6][7][8][9]
[0][1][2][3][4][5][6][7][8][9]

年龄：
[0][1][2][3][4][5][6][7][8][9]
[0][1][2][3][4][5][6][7][8][9]

性别： 男[1] 女[2]

注意 请用2B铅笔这样写：■

一、听力

1. [✓] [X]   6. [✓] [X]   11. [A] [B] [C] [D] [E] [F]
2. [✓] [X]   7. [✓] [X]   12. [A] [B] [C] [D] [E] [F]
3. [✓] [X]   8. [✓] [X]   13. [A] [B] [C] [D] [E] [F]
4. [✓] [X]   9. [✓] [X]   14. [A] [B] [C] [D] [E] [F]
5. [✓] [X]   10. [✓] [X]   15. [A] [B] [C] [D] [E] [F]

16. [A] [B] [C] [D] [E] [F]   21. [A] [B] [C]   26. [A] [B] [C]   31. [A] [B] [C]
17. [A] [B] [C] [D] [E] [F]   22. [A] [B] [C]   27. [A] [B] [C]   32. [A] [B] [C]
18. [A] [B] [C] [D] [E] [F]   23. [A] [B] [C]   28. [A] [B] [C]   33. [A] [B] [C]
19. [A] [B] [C] [D] [E] [F]   24. [A] [B] [C]   29. [A] [B] [C]   34. [A] [B] [C]
20. [A] [B] [C] [D] [E] [F]   25. [A] [B] [C]   30. [A] [B] [C]   35. [A] [B] [C]

二、阅读

36. [A] [B] [C] [D] [E] [F]   41. [A] [B] [C] [D] [E] [F]
37. [A] [B] [C] [D] [E] [F]   42. [A] [B] [C] [D] [E] [F]
38. [A] [B] [C] [D] [E] [F]   43. [A] [B] [C] [D] [E] [F]
39. [A] [B] [C] [D] [E] [F]   44. [A] [B] [C] [D] [E] [F]
40. [A] [B] [C] [D] [E] [F]   45. [A] [B] [C] [D] [E] [F]

46. [✓] [X]   51. [A] [B] [C] [D] [E] [F]   56. [A] [B] [C] [D] [E] [F]
47. [✓] [X]   52. [A] [B] [C] [D] [E] [F]   57. [A] [B] [C] [D] [E] [F]
48. [✓] [X]   53. [A] [B] [C] [D] [E] [F]   58. [A] [B] [C] [D] [E] [F]
49. [✓] [X]   54. [A] [B] [C] [D] [E] [F]   59. [A] [B] [C] [D] [E] [F]
50. [✓] [X]   55. [A] [B] [C] [D] [E] [F]   60. [A] [B] [C] [D] [E] [F]

HSK（二级）答题卡

汉语水平考试 HSK 答题卡

——— 请填写考生信息 ———

按照考试证件上的姓名填写：

姓名

如果有中文姓名，请填写：

中文姓名

考生序号	[0] [1] [2] [3] [4] [5] [6] [7] [8] [9]
	[0] [1] [2] [3] [4] [5] [6] [7] [8] [9]
	[0] [1] [2] [3] [4] [5] [6] [7] [8] [9]
	[0] [1] [2] [3] [4] [5] [6] [7] [8] [9]
	[0] [1] [2] [3] [4] [5] [6] [7] [8] [9]

——— 请填写考点信息 ———

考点代码	[0] [1] [2] [3] [4] [5] [6] [7] [8] [9]
	[0] [1] [2] [3] [4] [5] [6] [7] [8] [9]
	[0] [1] [2] [3] [4] [5] [6] [7] [8] [9]
	[0] [1] [2] [3] [4] [5] [6] [7] [8] [9]
	[0] [1] [2] [3] [4] [5] [6] [7] [8] [9]
	[0] [1] [2] [3] [4] [5] [6] [7] [8] [9]

国籍	[0] [1] [2] [3] [4] [5] [6] [7] [8] [9]
	[0] [1] [2] [3] [4] [5] [6] [7] [8] [9]
	[0] [1] [2] [3] [4] [5] [6] [7] [8] [9]

| 年龄 | [0] [1] [2] [3] [4] [5] [6] [7] [8] [9] |
| | [0] [1] [2] [3] [4] [5] [6] [7] [8] [9] |

| 性别 | 男 [1] 女 [2] |

注意　请用2B铅笔这样写：■

一、听力

1. [✓] [X]
2. [✓] [X]
3. [✓] [X]
4. [✓] [X]
5. [✓] [X]

6. [✓] [X]
7. [✓] [X]
8. [✓] [X]
9. [✓] [X]
10. [✓] [X]

11. [A] [B] [C] [D] [E] [F]
12. [A] [B] [C] [D] [E] [F]
13. [A] [B] [C] [D] [E] [F]
14. [A] [B] [C] [D] [E] [F]
15. [A] [B] [C] [D] [E] [F]

16. [A] [B] [C] [D] [E] [F]
17. [A] [B] [C] [D] [E] [F]
18. [A] [B] [C] [D] [E] [F]
19. [A] [B] [C] [D] [E] [F]
20. [A] [B] [C] [D] [E] [F]

21. [A] [B] [C]
22. [A] [B] [C]
23. [A] [B] [C]
24. [A] [B] [C]
25. [A] [B] [C]

26. [A] [B] [C]
27. [A] [B] [C]
28. [A] [B] [C]
29. [A] [B] [C]
30. [A] [B] [C]

31. [A] [B] [C]
32. [A] [B] [C]
33. [A] [B] [C]
34. [A] [B] [C]
35. [A] [B] [C]

二、阅读

36. [A] [B] [C] [D] [E] [F]
37. [A] [B] [C] [D] [E] [F]
38. [A] [B] [C] [D] [E] [F]
39. [A] [B] [C] [D] [E] [F]
40. [A] [B] [C] [D] [E] [F]

41. [A] [B] [C] [D] [E] [F]
42. [A] [B] [C] [D] [E] [F]
43. [A] [B] [C] [D] [E] [F]
44. [A] [B] [C] [D] [E] [F]
45. [A] [B] [C] [D] [E] [F]

46. [✓] [X]
47. [✓] [X]
48. [✓] [X]
49. [✓] [X]
50. [✓] [X]

51. [A] [B] [C] [D] [E] [F]
52. [A] [B] [C] [D] [E] [F]
53. [A] [B] [C] [D] [E] [F]
54. [A] [B] [C] [D] [E] [F]
55. [A] [B] [C] [D] [E] [F]

56. [A] [B] [C] [D] [E] [F]
57. [A] [B] [C] [D] [E] [F]
58. [A] [B] [C] [D] [E] [F]
59. [A] [B] [C] [D] [E] [F]
60. [A] [B] [C] [D] [E] [F]

HSK (二级) 答题卡

汉语水平考试　HSK　答题卡

— 请填写考生信息 —

按照考试证件上的姓名填写：

姓名

如果有中文姓名，请填写：

中文姓名

考生序号: [0][1][2][3][4][5][6][7][8][9] (×4)

— 请填写考点信息 —

考点代码: [0][1][2][3][4][5][6][7][8][9] (×6)

国籍: [0][1][2][3][4][5][6][7][8][9] (×3)

年龄: [0][1][2][3][4][5][6][7][8][9] (×2)

性别　男 [1]　女 [2]

注意　请用2B铅笔这样写：■

一、听力

1. [✓] [X]
2. [✓] [X]
3. [✓] [X]
4. [✓] [X]
5. [✓] [X]

6. [✓] [X]
7. [✓] [X]
8. [✓] [X]
9. [✓] [X]
10. [✓] [X]

11. [A] [B] [C] [D] [E] [F]
12. [A] [B] [C] [D] [E] [F]
13. [A] [B] [C] [D] [E] [F]
14. [A] [B] [C] [D] [E] [F]
15. [A] [B] [C] [D] [E] [F]

16. [A] [B] [C] [D] [E] [F]
17. [A] [B] [C] [D] [E] [F]
18. [A] [B] [C] [D] [E] [F]
19. [A] [B] [C] [D] [E] [F]
20. [A] [B] [C] [D] [E] [F]

21. [A] [B] [C]
22. [A] [B] [C]
23. [A] [B] [C]
24. [A] [B] [C]
25. [A] [B] [C]

26. [A] [B] [C]
27. [A] [B] [C]
28. [A] [B] [C]
29. [A] [B] [C]
30. [A] [B] [C]

31. [A] [B] [C]
32. [A] [B] [C]
33. [A] [B] [C]
34. [A] [B] [C]
35. [A] [B] [C]

二、阅读

36. [A] [B] [C] [D] [E] [F]
37. [A] [B] [C] [D] [E] [F]
38. [A] [B] [C] [D] [E] [F]
39. [A] [B] [C] [D] [E] [F]
40. [A] [B] [C] [D] [E] [F]

41. [A] [B] [C] [D] [E] [F]
42. [A] [B] [C] [D] [E] [F]
43. [A] [B] [C] [D] [E] [F]
44. [A] [B] [C] [D] [E] [F]
45. [A] [B] [C] [D] [E] [F]

46. [✓] [X]
47. [✓] [X]
48. [✓] [X]
49. [✓] [X]
50. [✓] [X]

51. [A] [B] [C] [D] [E] [F]
52. [A] [B] [C] [D] [E] [F]
53. [A] [B] [C] [D] [E] [F]
54. [A] [B] [C] [D] [E] [F]
55. [A] [B] [C] [D] [E] [F]

56. [A] [B] [C] [D] [E] [F]
57. [A] [B] [C] [D] [E] [F]
58. [A] [B] [C] [D] [E] [F]
59. [A] [B] [C] [D] [E] [F]
60. [A] [B] [C] [D] [E] [F]

HSK (二级) 答题卡

汉语水平考试 HSK 答题卡

——— 请填写考生信息 ———

按照考试证件上的姓名填写:

姓名

如果有中文姓名，请填写:

中文姓名

考生序号	[0] [1] [2] [3] [4] [5] [6] [7] [8] [9]
	[0] [1] [2] [3] [4] [5] [6] [7] [8] [9]
	[0] [1] [2] [3] [4] [5] [6] [7] [8] [9]
	[0] [1] [2] [3] [4] [5] [6] [7] [8] [9]
	[0] [1] [2] [3] [4] [5] [6] [7] [8] [9]

——— 请填写考点信息 ———

考点代码	[0] [1] [2] [3] [4] [5] [6] [7] [8] [9]
	[0] [1] [2] [3] [4] [5] [6] [7] [8] [9]
	[0] [1] [2] [3] [4] [5] [6] [7] [8] [9]
	[0] [1] [2] [3] [4] [5] [6] [7] [8] [9]
	[0] [1] [2] [3] [4] [5] [6] [7] [8] [9]
	[0] [1] [2] [3] [4] [5] [6] [7] [8] [9]
	[0] [1] [2] [3] [4] [5] [6] [7] [8] [9]

国籍	[0] [1] [2] [3] [4] [5] [6] [7] [8] [9]
	[0] [1] [2] [3] [4] [5] [6] [7] [8] [9]
	[0] [1] [2] [3] [4] [5] [6] [7] [8] [9]

| 年龄 | [0] [1] [2] [3] [4] [5] [6] [7] [8] [9] |
| | [0] [1] [2] [3] [4] [5] [6] [7] [8] [9] |

| 性别 | 男 [1] 女 [2] |

注意 请用2B铅笔这样写: ■

一、听力

1. [✓] [X]
2. [✓] [X]
3. [✓] [X]
4. [✓] [X]
5. [✓] [X]

6. [✓] [X]
7. [✓] [X]
8. [✓] [X]
9. [✓] [X]
10. [✓] [X]

11. [A] [B] [C] [D] [E] [F]
12. [A] [B] [C] [D] [E] [F]
13. [A] [B] [C] [D] [E] [F]
14. [A] [B] [C] [D] [E] [F]
15. [A] [B] [C] [D] [E] [F]

16. [A] [B] [C] [D] [E] [F]
17. [A] [B] [C] [D] [E] [F]
18. [A] [B] [C] [D] [E] [F]
19. [A] [B] [C] [D] [E] [F]
20. [A] [B] [C] [D] [E] [F]

21. [A] [B] [C]
22. [A] [B] [C]
23. [A] [B] [C]
24. [A] [B] [C]
25. [A] [B] [C]

26. [A] [B] [C]
27. [A] [B] [C]
28. [A] [B] [C]
29. [A] [B] [C]
30. [A] [B] [C]

31. [A] [B] [C]
32. [A] [B] [C]
33. [A] [B] [C]
34. [A] [B] [C]
35. [A] [B] [C]

二、阅读

36. [A] [B] [C] [D] [E] [F]
37. [A] [B] [C] [D] [E] [F]
38. [A] [B] [C] [D] [E] [F]
39. [A] [B] [C] [D] [E] [F]
40. [A] [B] [C] [D] [E] [F]

41. [A] [B] [C] [D] [E] [F]
42. [A] [B] [C] [D] [E] [F]
43. [A] [B] [C] [D] [E] [F]
44. [A] [B] [C] [D] [E] [F]
45. [A] [B] [C] [D] [E] [F]

46. [✓] [X]
47. [✓] [X]
48. [✓] [X]
49. [✓] [X]
50. [✓] [X]

51. [A] [B] [C] [D] [E] [F]
52. [A] [B] [C] [D] [E] [F]
53. [A] [B] [C] [D] [E] [F]
54. [A] [B] [C] [D] [E] [F]
55. [A] [B] [C] [D] [E] [F]

56. [A] [B] [C] [D] [E] [F]
57. [A] [B] [C] [D] [E] [F]
58. [A] [B] [C] [D] [E] [F]
59. [A] [B] [C] [D] [E] [F]
60. [A] [B] [C] [D] [E] [F]

HSK (二级) 答题卡

汉语水平考试 HSK 答题卡

——— 请填写考生信息 ———

按照考试证件上的姓名填写:

姓名

如果有中文姓名,请填写:

中文姓名

考生序号: [0][1][2][3][4][5][6][7][8][9]
[0][1][2][3][4][5][6][7][8][9]
[0][1][2][3][4][5][6][7][8][9]
[0][1][2][3][4][5][6][7][8][9]
[0][1][2][3][4][5][6][7][8][9]

——— 请填写考点信息 ———

考点代码:
[0][1][2][3][4][5][6][7][8][9]
[0][1][2][3][4][5][6][7][8][9]
[0][1][2][3][4][5][6][7][8][9]
[0][1][2][3][4][5][6][7][8][9]
[0][1][2][3][4][5][6][7][8][9]
[0][1][2][3][4][5][6][7][8][9]
[0][1][2][3][4][5][6][7][8][9]

国籍:
[0][1][2][3][4][5][6][7][8][9]
[0][1][2][3][4][5][6][7][8][9]
[0][1][2][3][4][5][6][7][8][9]

年龄:
[0][1][2][3][4][5][6][7][8][9]
[0][1][2][3][4][5][6][7][8][9]

性别: 男 [1]   女 [2]

| 注意 | 请用2B铅笔这样写: ■ |

一、听力

1. [✓] [X]
2. [✓] [X]
3. [✓] [X]
4. [✓] [X]
5. [✓] [X]

6. [✓] [X]
7. [✓] [X]
8. [✓] [X]
9. [✓] [X]
10. [✓] [X]

11. [A] [B] [C] [D] [E] [F]
12. [A] [B] [C] [D] [E] [F]
13. [A] [B] [C] [D] [E] [F]
14. [A] [B] [C] [D] [E] [F]
15. [A] [B] [C] [D] [E] [F]

16. [A] [B] [C] [D] [E] [F]
17. [A] [B] [C] [D] [E] [F]
18. [A] [B] [C] [D] [E] [F]
19. [A] [B] [C] [D] [E] [F]
20. [A] [B] [C] [D] [E] [F]

21. [A] [B] [C]
22. [A] [B] [C]
23. [A] [B] [C]
24. [A] [B] [C]
25. [A] [B] [C]

26. [A] [B] [C]
27. [A] [B] [C]
28. [A] [B] [C]
29. [A] [B] [C]
30. [A] [B] [C]

31. [A] [B] [C]
32. [A] [B] [C]
33. [A] [B] [C]
34. [A] [B] [C]
35. [A] [B] [C]

二、阅读

36. [A] [B] [C] [D] [E] [F]
37. [A] [B] [C] [D] [E] [F]
38. [A] [B] [C] [D] [E] [F]
39. [A] [B] [C] [D] [E] [F]
40. [A] [B] [C] [D] [E] [F]

41. [A] [B] [C] [D] [E] [F]
42. [A] [B] [C] [D] [E] [F]
43. [A] [B] [C] [D] [E] [F]
44. [A] [B] [C] [D] [E] [F]
45. [A] [B] [C] [D] [E] [F]

46. [✓] [X]
47. [✓] [X]
48. [✓] [X]
49. [✓] [X]
50. [✓] [X]

51. [A] [B] [C] [D] [E] [F]
52. [A] [B] [C] [D] [E] [F]
53. [A] [B] [C] [D] [E] [F]
54. [A] [B] [C] [D] [E] [F]
55. [A] [B] [C] [D] [E] [F]

56. [A] [B] [C] [D] [E] [F]
57. [A] [B] [C] [D] [E] [F]
58. [A] [B] [C] [D] [E] [F]
59. [A] [B] [C] [D] [E] [F]
60. [A] [B] [C] [D] [E] [F]

HSK（二级）答题卡

汉语水平考试 HSK 答题卡

——— 请填写考生信息 ———

按照考试证件上的姓名填写：

姓名

如果有中文姓名，请填写：

中文姓名

考生序号: [0] [1] [2] [3] [4] [5] [6] [7] [8] [9]

——— 请填写考点信息 ———

考点代码: [0] [1] [2] [3] [4] [5] [6] [7] [8] [9]

国籍: [0] [1] [2] [3] [4] [5] [6] [7] [8] [9]

年龄: [0] [1] [2] [3] [4] [5] [6] [7] [8] [9]

性别: 男 [1]　　女 [2]

注意　请用2B铅笔这样写：■

一、听力

1. [✓] [X]
2. [✓] [X]
3. [✓] [X]
4. [✓] [X]
5. [✓] [X]

6. [✓] [X]
7. [✓] [X]
8. [✓] [X]
9. [✓] [X]
10. [✓] [X]

11. [A] [B] [C] [D] [E] [F]
12. [A] [B] [C] [D] [E] [F]
13. [A] [B] [C] [D] [E] [F]
14. [A] [B] [C] [D] [E] [F]
15. [A] [B] [C] [D] [E] [F]

16. [A] [B] [C] [D] [E] [F]
17. [A] [B] [C] [D] [E] [F]
18. [A] [B] [C] [D] [E] [F]
19. [A] [B] [C] [D] [E] [F]
20. [A] [B] [C] [D] [E] [F]

21. [A] [B] [C]
22. [A] [B] [C]
23. [A] [B] [C]
24. [A] [B] [C]
25. [A] [B] [C]

26. [A] [B] [C]
27. [A] [B] [C]
28. [A] [B] [C]
29. [A] [B] [C]
30. [A] [B] [C]

31. [A] [B] [C]
32. [A] [B] [C]
33. [A] [B] [C]
34. [A] [B] [C]
35. [A] [B] [C]

二、阅读

36. [A] [B] [C] [D] [E] [F]
37. [A] [B] [C] [D] [E] [F]
38. [A] [B] [C] [D] [E] [F]
39. [A] [B] [C] [D] [E] [F]
40. [A] [B] [C] [D] [E] [F]

41. [A] [B] [C] [D] [E] [F]
42. [A] [B] [C] [D] [E] [F]
43. [A] [B] [C] [D] [E] [F]
44. [A] [B] [C] [D] [E] [F]
45. [A] [B] [C] [D] [E] [F]

46. [✓] [X]
47. [✓] [X]
48. [✓] [X]
49. [✓] [X]
50. [✓] [X]

51. [A] [B] [C] [D] [E] [F]
52. [A] [B] [C] [D] [E] [F]
53. [A] [B] [C] [D] [E] [F]
54. [A] [B] [C] [D] [E] [F]
55. [A] [B] [C] [D] [E] [F]

56. [A] [B] [C] [D] [E] [F]
57. [A] [B] [C] [D] [E] [F]
58. [A] [B] [C] [D] [E] [F]
59. [A] [B] [C] [D] [E] [F]
60. [A] [B] [C] [D] [E] [F]

HSK (二级) 答题卡

汉语水平考试 HSK 答题卡

——— 请填写考生信息 ———

按照考试证件上的姓名填写:

姓名

如果有中文姓名,请填写:

中文姓名

考生序号	[0] [1] [2] [3] [4] [5] [6] [7] [8] [9]
	[0] [1] [2] [3] [4] [5] [6] [7] [8] [9]
	[0] [1] [2] [3] [4] [5] [6] [7] [8] [9]
	[0] [1] [2] [3] [4] [5] [6] [7] [8] [9]

——— 请填写考点信息 ———

考点代码	[0] [1] [2] [3] [4] [5] [6] [7] [8] [9]
	[0] [1] [2] [3] [4] [5] [6] [7] [8] [9]
	[0] [1] [2] [3] [4] [5] [6] [7] [8] [9]
	[0] [1] [2] [3] [4] [5] [6] [7] [8] [9]
	[0] [1] [2] [3] [4] [5] [6] [7] [8] [9]
	[0] [1] [2] [3] [4] [5] [6] [7] [8] [9]
	[0] [1] [2] [3] [4] [5] [6] [7] [8] [9]

国籍	[0] [1] [2] [3] [4] [5] [6] [7] [8] [9]
	[0] [1] [2] [3] [4] [5] [6] [7] [8] [9]
	[0] [1] [2] [3] [4] [5] [6] [7] [8] [9]

| 年龄 | [0] [1] [2] [3] [4] [5] [6] [7] [8] [9] |
| | [0] [1] [2] [3] [4] [5] [6] [7] [8] [9] |

性别　　　　男 [1]　　　女 [2]

| 注意 | 请用2B铅笔这样写: ■ |

一、听力

1. [✓] [X]
2. [✓] [X]
3. [✓] [X]
4. [✓] [X]
5. [✓] [X]

6. [✓] [X]
7. [✓] [X]
8. [✓] [X]
9. [✓] [X]
10. [✓] [X]

11. [A] [B] [C] [D] [E] [F]
12. [A] [B] [C] [D] [E] [F]
13. [A] [B] [C] [D] [E] [F]
14. [A] [B] [C] [D] [E] [F]
15. [A] [B] [C] [D] [E] [F]

16. [A] [B] [C] [D] [E] [F]
17. [A] [B] [C] [D] [E] [F]
18. [A] [B] [C] [D] [E] [F]
19. [A] [B] [C] [D] [E] [F]
20. [A] [B] [C] [D] [E] [F]

21. [A] [B] [C]
22. [A] [B] [C]
23. [A] [B] [C]
24. [A] [B] [C]
25. [A] [B] [C]

26. [A] [B] [C]
27. [A] [B] [C]
28. [A] [B] [C]
29. [A] [B] [C]
30. [A] [B] [C]

31. [A] [B] [C]
32. [A] [B] [C]
33. [A] [B] [C]
34. [A] [B] [C]
35. [A] [B] [C]

二、阅读

36. [A] [B] [C] [D] [E] [F]
37. [A] [B] [C] [D] [E] [F]
38. [A] [B] [C] [D] [E] [F]
39. [A] [B] [C] [D] [E] [F]
40. [A] [B] [C] [D] [E] [F]

41. [A] [B] [C] [D] [E] [F]
42. [A] [B] [C] [D] [E] [F]
43. [A] [B] [C] [D] [E] [F]
44. [A] [B] [C] [D] [E] [F]
45. [A] [B] [C] [D] [E] [F]

46. [✓] [X]
47. [✓] [X]
48. [✓] [X]
49. [✓] [X]
50. [✓] [X]

51. [A] [B] [C] [D] [E] [F]
52. [A] [B] [C] [D] [E] [F]
53. [A] [B] [C] [D] [E] [F]
54. [A] [B] [C] [D] [E] [F]
55. [A] [B] [C] [D] [E] [F]

56. [A] [B] [C] [D] [E] [F]
57. [A] [B] [C] [D] [E] [F]
58. [A] [B] [C] [D] [E] [F]
59. [A] [B] [C] [D] [E] [F]
60. [A] [B] [C] [D] [E] [F]

HSK (二级) 答题卡

汉语水平考试　ＨＳＫ　答题卡

―― 请填写考生信息 ――

按照考试证件上的姓名填写：

姓名

如果有中文姓名，请填写：

中文姓名

考生序号： [0] [1] [2] [3] [4] [5] [6] [7] [8] [9]
[0] [1] [2] [3] [4] [5] [6] [7] [8] [9]
[0] [1] [2] [3] [4] [5] [6] [7] [8] [9]
[0] [1] [2] [3] [4] [5] [6] [7] [8] [9]
[0] [1] [2] [3] [4] [5] [6] [7] [8] [9]

―― 请填写考点信息 ――

考点代码：
[0] [1] [2] [3] [4] [5] [6] [7] [8] [9]
[0] [1] [2] [3] [4] [5] [6] [7] [8] [9]
[0] [1] [2] [3] [4] [5] [6] [7] [8] [9]
[0] [1] [2] [3] [4] [5] [6] [7] [8] [9]
[0] [1] [2] [3] [4] [5] [6] [7] [8] [9]
[0] [1] [2] [3] [4] [5] [6] [7] [8] [9]
[0] [1] [2] [3] [4] [5] [6] [7] [8] [9]

国籍：
[0] [1] [2] [3] [4] [5] [6] [7] [8] [9]
[0] [1] [2] [3] [4] [5] [6] [7] [8] [9]
[0] [1] [2] [3] [4] [5] [6] [7] [8] [9]

年龄：
[0] [1] [2] [3] [4] [5] [6] [7] [8] [9]
[0] [1] [2] [3] [4] [5] [6] [7] [8] [9]

性别：　男 [1]　　女 [2]

| 注意 | 请用2B铅笔这样写：■ |

一、听力

1. [✓] [X]
2. [✓] [X]
3. [✓] [X]
4. [✓] [X]
5. [✓] [X]

6. [✓] [X]
7. [✓] [X]
8. [✓] [X]
9. [✓] [X]
10. [✓] [X]

11. [A] [B] [C] [D] [E] [F]
12. [A] [B] [C] [D] [E] [F]
13. [A] [B] [C] [D] [E] [F]
14. [A] [B] [C] [D] [E] [F]
15. [A] [B] [C] [D] [E] [F]

16. [A] [B] [C] [D] [E] [F]
17. [A] [B] [C] [D] [E] [F]
18. [A] [B] [C] [D] [E] [F]
19. [A] [B] [C] [D] [E] [F]
20. [A] [B] [C] [D] [E] [F]

21. [A] [B] [C]
22. [A] [B] [C]
23. [A] [B] [C]
24. [A] [B] [C]
25. [A] [B] [C]

26. [A] [B] [C]
27. [A] [B] [C]
28. [A] [B] [C]
29. [A] [B] [C]
30. [A] [B] [C]

31. [A] [B] [C]
32. [A] [B] [C]
33. [A] [B] [C]
34. [A] [B] [C]
35. [A] [B] [C]

二、阅读

36. [A] [B] [C] [D] [E] [F]
37. [A] [B] [C] [D] [E] [F]
38. [A] [B] [C] [D] [E] [F]
39. [A] [B] [C] [D] [E] [F]
40. [A] [B] [C] [D] [E] [F]

41. [A] [B] [C] [D] [E] [F]
42. [A] [B] [C] [D] [E] [F]
43. [A] [B] [C] [D] [E] [F]
44. [A] [B] [C] [D] [E] [F]
45. [A] [B] [C] [D] [E] [F]

46. [✓] [X]
47. [✓] [X]
48. [✓] [X]
49. [✓] [X]
50. [✓] [X]

51. [A] [B] [C] [D] [E] [F]
52. [A] [B] [C] [D] [E] [F]
53. [A] [B] [C] [D] [E] [F]
54. [A] [B] [C] [D] [E] [F]
55. [A] [B] [C] [D] [E] [F]

56. [A] [B] [C] [D] [E] [F]
57. [A] [B] [C] [D] [E] [F]
58. [A] [B] [C] [D] [E] [F]
59. [A] [B] [C] [D] [E] [F]
60. [A] [B] [C] [D] [E] [F]

HSK (二级) 答题卡

汉语水平考试　HSK　答题卡

——请填写考生信息——　　　　——请填写考点信息——

按照考试证件上的姓名填写：

姓名

如果有中文姓名，请填写：

中文姓名

考点代码	[0] [1] [2] [3] [4] [5] [6] [7] [8] [9]
	[0] [1] [2] [3] [4] [5] [6] [7] [8] [9]
	[0] [1] [2] [3] [4] [5] [6] [7] [8] [9]
	[0] [1] [2] [3] [4] [5] [6] [7] [8] [9]
	[0] [1] [2] [3] [4] [5] [6] [7] [8] [9]
	[0] [1] [2] [3] [4] [5] [6] [7] [8] [9]

国籍	[0] [1] [2] [3] [4] [5] [6] [7] [8] [9]
	[0] [1] [2] [3] [4] [5] [6] [7] [8] [9]
	[0] [1] [2] [3] [4] [5] [6] [7] [8] [9]

考生序号	[0] [1] [2] [3] [4] [5] [6] [7] [8] [9]
	[0] [1] [2] [3] [4] [5] [6] [7] [8] [9]
	[0] [1] [2] [3] [4] [5] [6] [7] [8] [9]
	[0] [1] [2] [3] [4] [5] [6] [7] [8] [9]

| 年龄 | [0] [1] [2] [3] [4] [5] [6] [7] [8] [9] |
| | [0] [1] [2] [3] [4] [5] [6] [7] [8] [9] |

| 性别 | 男 [1]　　女 [2] |

注意　请用2B铅笔这样写：■

一、听力

1. [✓] [✗]
2. [✓] [✗]
3. [✓] [✗]
4. [✓] [✗]
5. [✓] [✗]

6. [✓] [✗]
7. [✓] [✗]
8. [✓] [✗]
9. [✓] [✗]
10. [✓] [✗]

11. [A] [B] [C] [D] [E] [F]
12. [A] [B] [C] [D] [E] [F]
13. [A] [B] [C] [D] [E] [F]
14. [A] [B] [C] [D] [E] [F]
15. [A] [B] [C] [D] [E] [F]

16. [A] [B] [C] [D] [E] [F]
17. [A] [B] [C] [D] [E] [F]
18. [A] [B] [C] [D] [E] [F]
19. [A] [B] [C] [D] [E] [F]
20. [A] [B] [C] [D] [E] [F]

21. [A] [B] [C]
22. [A] [B] [C]
23. [A] [B] [C]
24. [A] [B] [C]
25. [A] [B] [C]

26. [A] [B] [C]
27. [A] [B] [C]
28. [A] [B] [C]
29. [A] [B] [C]
30. [A] [B] [C]

31. [A] [B] [C]
32. [A] [B] [C]
33. [A] [B] [C]
34. [A] [B] [C]
35. [A] [B] [C]

二、阅读

36. [A] [B] [C] [D] [E] [F]
37. [A] [B] [C] [D] [E] [F]
38. [A] [B] [C] [D] [E] [F]
39. [A] [B] [C] [D] [E] [F]
40. [A] [B] [C] [D] [E] [F]

41. [A] [B] [C] [D] [E] [F]
42. [A] [B] [C] [D] [E] [F]
43. [A] [B] [C] [D] [E] [F]
44. [A] [B] [C] [D] [E] [F]
45. [A] [B] [C] [D] [E] [F]

46. [✓] [✗]
47. [✓] [✗]
48. [✓] [✗]
49. [✓] [✗]
50. [✓] [✗]

51. [A] [B] [C] [D] [E] [F]
52. [A] [B] [C] [D] [E] [F]
53. [A] [B] [C] [D] [E] [F]
54. [A] [B] [C] [D] [E] [F]
55. [A] [B] [C] [D] [E] [F]

56. [A] [B] [C] [D] [E] [F]
57. [A] [B] [C] [D] [E] [F]
58. [A] [B] [C] [D] [E] [F]
59. [A] [B] [C] [D] [E] [F]
60. [A] [B] [C] [D] [E] [F]

HSK (二级) 答题卡

汉语水平考试 HSK 答题卡

——— 请填写考生信息 ———

按照考试证件上的姓名填写:

姓名

如果有中文姓名,请填写:

中文姓名

考生序号: [0] [1] [2] [3] [4] [5] [6] [7] [8] [9]

——— 请填写考点信息 ———

考点代码: [0] [1] [2] [3] [4] [5] [6] [7] [8] [9]

国籍: [0] [1] [2] [3] [4] [5] [6] [7] [8] [9]

年龄: [0] [1] [2] [3] [4] [5] [6] [7] [8] [9]

性别: 男 [1]　女 [2]

注意　请用2B铅笔这样写:■

一、听力

1. [✓] [✗]
2. [✓] [✗]
3. [✓] [✗]
4. [✓] [✗]
5. [✓] [✗]

6. [✓] [✗]
7. [✓] [✗]
8. [✓] [✗]
9. [✓] [✗]
10. [✓] [✗]

11. [A] [B] [C] [D] [E] [F]
12. [A] [B] [C] [D] [E] [F]
13. [A] [B] [C] [D] [E] [F]
14. [A] [B] [C] [D] [E] [F]
15. [A] [B] [C] [D] [E] [F]

16. [A] [B] [C] [D] [E] [F]
17. [A] [B] [C] [D] [E] [F]
18. [A] [B] [C] [D] [E] [F]
19. [A] [B] [C] [D] [E] [F]
20. [A] [B] [C] [D] [E] [F]

21. [A] [B] [C]
22. [A] [B] [C]
23. [A] [B] [C]
24. [A] [B] [C]
25. [A] [B] [C]

26. [A] [B] [C]
27. [A] [B] [C]
28. [A] [B] [C]
29. [A] [B] [C]
30. [A] [B] [C]

31. [A] [B] [C]
32. [A] [B] [C]
33. [A] [B] [C]
34. [A] [B] [C]
35. [A] [B] [C]

二、阅读

36. [A] [B] [C] [D] [E] [F]
37. [A] [B] [C] [D] [E] [F]
38. [A] [B] [C] [D] [E] [F]
39. [A] [B] [C] [D] [E] [F]
40. [A] [B] [C] [D] [E] [F]

41. [A] [B] [C] [D] [E] [F]
42. [A] [B] [C] [D] [E] [F]
43. [A] [B] [C] [D] [E] [F]
44. [A] [B] [C] [D] [E] [F]
45. [A] [B] [C] [D] [E] [F]

46. [✓] [✗]
47. [✓] [✗]
48. [✓] [✗]
49. [✓] [✗]
50. [✓] [✗]

51. [A] [B] [C] [D] [E] [F]
52. [A] [B] [C] [D] [E] [F]
53. [A] [B] [C] [D] [E] [F]
54. [A] [B] [C] [D] [E] [F]
55. [A] [B] [C] [D] [E] [F]

56. [A] [B] [C] [D] [E] [F]
57. [A] [B] [C] [D] [E] [F]
58. [A] [B] [C] [D] [E] [F]
59. [A] [B] [C] [D] [E] [F]
60. [A] [B] [C] [D] [E] [F]

HSK (二级) 答题卡

汉语水平考试　H S K　答题卡

—— 请填写考生信息 ——

按照考试证件上的姓名填写：

姓名

如果有中文姓名，请填写：

中文姓名

考生序号： [0][1][2][3][4][5][6][7][8][9]
　　　　　[0][1][2][3][4][5][6][7][8][9]
　　　　　[0][1][2][3][4][5][6][7][8][9]
　　　　　[0][1][2][3][4][5][6][7][8][9]

—— 请填写考点信息 ——

考点代码：
[0][1][2][3][4][5][6][7][8][9]
[0][1][2][3][4][5][6][7][8][9]
[0][1][2][3][4][5][6][7][8][9]
[0][1][2][3][4][5][6][7][8][9]
[0][1][2][3][4][5][6][7][8][9]
[0][1][2][3][4][5][6][7][8][9]
[0][1][2][3][4][5][6][7][8][9]

国籍：
[0][1][2][3][4][5][6][7][8][9]
[0][1][2][3][4][5][6][7][8][9]
[0][1][2][3][4][5][6][7][8][9]

年龄：
[0][1][2][3][4][5][6][7][8][9]
[0][1][2][3][4][5][6][7][8][9]

性别：　男 [1]　　女 [2]

注意　请用2B铅笔这样写：■

一、听力

1. [✓] [X]　　6. [✓] [X]　　11. [A] [B] [C] [D] [E] [F]
2. [✓] [X]　　7. [✓] [X]　　12. [A] [B] [C] [D] [E] [F]
3. [✓] [X]　　8. [✓] [X]　　13. [A] [B] [C] [D] [E] [F]
4. [✓] [X]　　9. [✓] [X]　　14. [A] [B] [C] [D] [E] [F]
5. [✓] [X]　　10. [✓] [X]　　15. [A] [B] [C] [D] [E] [F]

16. [A] [B] [C] [D] [E] [F]　　21. [A] [B] [C]　　26. [A] [B] [C]　　31. [A] [B] [C]
17. [A] [B] [C] [D] [E] [F]　　22. [A] [B] [C]　　27. [A] [B] [C]　　32. [A] [B] [C]
18. [A] [B] [C] [D] [E] [F]　　23. [A] [B] [C]　　28. [A] [B] [C]　　33. [A] [B] [C]
19. [A] [B] [C] [D] [E] [F]　　24. [A] [B] [C]　　29. [A] [B] [C]　　34. [A] [B] [C]
20. [A] [B] [C] [D] [E] [F]　　25. [A] [B] [C]　　30. [A] [B] [C]　　35. [A] [B] [C]

二、阅读

36. [A] [B] [C] [D] [E] [F]　　41. [A] [B] [C] [D] [E] [F]
37. [A] [B] [C] [D] [E] [F]　　42. [A] [B] [C] [D] [E] [F]
38. [A] [B] [C] [D] [E] [F]　　43. [A] [B] [C] [D] [E] [F]
39. [A] [B] [C] [D] [E] [F]　　44. [A] [B] [C] [D] [E] [F]
40. [A] [B] [C] [D] [E] [F]　　45. [A] [B] [C] [D] [E] [F]

46. [✓] [X]　　51. [A] [B] [C] [D] [E] [F]　　56. [A] [B] [C] [D] [E] [F]
47. [✓] [X]　　52. [A] [B] [C] [D] [E] [F]　　57. [A] [B] [C] [D] [E] [F]
48. [✓] [X]　　53. [A] [B] [C] [D] [E] [F]　　58. [A] [B] [C] [D] [E] [F]
49. [✓] [X]　　54. [A] [B] [C] [D] [E] [F]　　59. [A] [B] [C] [D] [E] [F]
50. [✓] [X]　　55. [A] [B] [C] [D] [E] [F]　　60. [A] [B] [C] [D] [E] [F]

HSK (二级) 答题卡

汉语水平考试 HSK 答题卡

——请填写考生信息——

按照考试证件上的姓名填写：

姓名

如果有中文姓名，请填写：

中文姓名

考生序号： [0] [1] [2] [3] [4] [5] [6] [7] [8] [9]
[0] [1] [2] [3] [4] [5] [6] [7] [8] [9]
[0] [1] [2] [3] [4] [5] [6] [7] [8] [9]
[0] [1] [2] [3] [4] [5] [6] [7] [8] [9]
[0] [1] [2] [3] [4] [5] [6] [7] [8] [9]

——请填写考点信息——

考点代码： [0] [1] [2] [3] [4] [5] [6] [7] [8] [9]
[0] [1] [2] [3] [4] [5] [6] [7] [8] [9]
[0] [1] [2] [3] [4] [5] [6] [7] [8] [9]
[0] [1] [2] [3] [4] [5] [6] [7] [8] [9]
[0] [1] [2] [3] [4] [5] [6] [7] [8] [9]
[0] [1] [2] [3] [4] [5] [6] [7] [8] [9]

国籍： [0] [1] [2] [3] [4] [5] [6] [7] [8] [9]
[0] [1] [2] [3] [4] [5] [6] [7] [8] [9]
[0] [1] [2] [3] [4] [5] [6] [7] [8] [9]

年龄： [0] [1] [2] [3] [4] [5] [6] [7] [8] [9]
[0] [1] [2] [3] [4] [5] [6] [7] [8] [9]

性别： 男 [1]　　女 [2]

注意　请用2B铅笔这样写：■

一、听力

1. [✓] [✗]
2. [✓] [✗]
3. [✓] [✗]
4. [✓] [✗]
5. [✓] [✗]

6. [✓] [✗]
7. [✓] [✗]
8. [✓] [✗]
9. [✓] [✗]
10. [✓] [✗]

11. [A] [B] [C] [D] [E] [F]
12. [A] [B] [C] [D] [E] [F]
13. [A] [B] [C] [D] [E] [F]
14. [A] [B] [C] [D] [E] [F]
15. [A] [B] [C] [D] [E] [F]

16. [A] [B] [C] [D] [E] [F]
17. [A] [B] [C] [D] [E] [F]
18. [A] [B] [C] [D] [E] [F]
19. [A] [B] [C] [D] [E] [F]
20. [A] [B] [C] [D] [E] [F]

21. [A] [B] [C]
22. [A] [B] [C]
23. [A] [B] [C]
24. [A] [B] [C]
25. [A] [B] [C]

26. [A] [B] [C]
27. [A] [B] [C]
28. [A] [B] [C]
29. [A] [B] [C]
30. [A] [B] [C]

31. [A] [B] [C]
32. [A] [B] [C]
33. [A] [B] [C]
34. [A] [B] [C]
35. [A] [B] [C]

二、阅读

36. [A] [B] [C] [D] [E] [F]
37. [A] [B] [C] [D] [E] [F]
38. [A] [B] [C] [D] [E] [F]
39. [A] [B] [C] [D] [E] [F]
40. [A] [B] [C] [D] [E] [F]

41. [A] [B] [C] [D] [E] [F]
42. [A] [B] [C] [D] [E] [F]
43. [A] [B] [C] [D] [E] [F]
44. [A] [B] [C] [D] [E] [F]
45. [A] [B] [C] [D] [E] [F]

46. [✓] [✗]
47. [✓] [✗]
48. [✓] [✗]
49. [✓] [✗]
50. [✓] [✗]

51. [A] [B] [C] [D] [E] [F]
52. [A] [B] [C] [D] [E] [F]
53. [A] [B] [C] [D] [E] [F]
54. [A] [B] [C] [D] [E] [F]
55. [A] [B] [C] [D] [E] [F]

56. [A] [B] [C] [D] [E] [F]
57. [A] [B] [C] [D] [E] [F]
58. [A] [B] [C] [D] [E] [F]
59. [A] [B] [C] [D] [E] [F]
60. [A] [B] [C] [D] [E] [F]

HSK（二级）答题卡

汉语水平考试 HSK 答题卡

—— 请填写考生信息 ——

按照考试证件上的姓名填写：

| 姓名 | |

如果有中文姓名，请填写：

| 中文姓名 | |

考生序号：
[0] [1] [2] [3] [4] [5] [6] [7] [8] [9]
[0] [1] [2] [3] [4] [5] [6] [7] [8] [9]
[0] [1] [2] [3] [4] [5] [6] [7] [8] [9]
[0] [1] [2] [3] [4] [5] [6] [7] [8] [9]
[0] [1] [2] [3] [4] [5] [6] [7] [8] [9]

—— 请填写考点信息 ——

考点代码：
[0] [1] [2] [3] [4] [5] [6] [7] [8] [9]
[0] [1] [2] [3] [4] [5] [6] [7] [8] [9]
[0] [1] [2] [3] [4] [5] [6] [7] [8] [9]
[0] [1] [2] [3] [4] [5] [6] [7] [8] [9]
[0] [1] [2] [3] [4] [5] [6] [7] [8] [9]
[0] [1] [2] [3] [4] [5] [6] [7] [8] [9]
[0] [1] [2] [3] [4] [5] [6] [7] [8] [9]

国籍：
[0] [1] [2] [3] [4] [5] [6] [7] [8] [9]
[0] [1] [2] [3] [4] [5] [6] [7] [8] [9]
[0] [1] [2] [3] [4] [5] [6] [7] [8] [9]

年龄：
[0] [1] [2] [3] [4] [5] [6] [7] [8] [9]
[0] [1] [2] [3] [4] [5] [6] [7] [8] [9]

性别： 男 [1]　　女 [2]

注意　请用2B铅笔这样写：■

一、听力

1. [✓] [X]
2. [✓] [X]
3. [✓] [X]
4. [✓] [X]
5. [✓] [X]

6. [✓] [X]
7. [✓] [X]
8. [✓] [X]
9. [✓] [X]
10. [✓] [X]

11. [A] [B] [C] [D] [E] [F]
12. [A] [B] [C] [D] [E] [F]
13. [A] [B] [C] [D] [E] [F]
14. [A] [B] [C] [D] [E] [F]
15. [A] [B] [C] [D] [E] [F]

16. [A] [B] [C] [D] [E] [F]
17. [A] [B] [C] [D] [E] [F]
18. [A] [B] [C] [D] [E] [F]
19. [A] [B] [C] [D] [E] [F]
20. [A] [B] [C] [D] [E] [F]

21. [A] [B] [C]
22. [A] [B] [C]
23. [A] [B] [C]
24. [A] [B] [C]
25. [A] [B] [C]

26. [A] [B] [C]
27. [A] [B] [C]
28. [A] [B] [C]
29. [A] [B] [C]
30. [A] [B] [C]

31. [A] [B] [C]
32. [A] [B] [C]
33. [A] [B] [C]
34. [A] [B] [C]
35. [A] [B] [C]

二、阅读

36. [A] [B] [C] [D] [E] [F]
37. [A] [B] [C] [D] [E] [F]
38. [A] [B] [C] [D] [E] [F]
39. [A] [B] [C] [D] [E] [F]
40. [A] [B] [C] [D] [E] [F]

41. [A] [B] [C] [D] [E] [F]
42. [A] [B] [C] [D] [E] [F]
43. [A] [B] [C] [D] [E] [F]
44. [A] [B] [C] [D] [E] [F]
45. [A] [B] [C] [D] [E] [F]

46. [✓] [X]
47. [✓] [X]
48. [✓] [X]
49. [✓] [X]
50. [✓] [X]

51. [A] [B] [C] [D] [E] [F]
52. [A] [B] [C] [D] [E] [F]
53. [A] [B] [C] [D] [E] [F]
54. [A] [B] [C] [D] [E] [F]
55. [A] [B] [C] [D] [E] [F]

56. [A] [B] [C] [D] [E] [F]
57. [A] [B] [C] [D] [E] [F]
58. [A] [B] [C] [D] [E] [F]
59. [A] [B] [C] [D] [E] [F]
60. [A] [B] [C] [D] [E] [F]

HSK
기출모의문제집

문제 풀이만으로
한 번에 합격하는 비법!

★ **국내 최초, 각 급수별 최다 문제 수록!**
문제 풀이만으로 중국어 원리까지 이해되는 획기적 구성의 문제들

★ **HSK 시험 요강과 기출문제를 완벽하게 분석!**
新HSK 기출문제를 8년간 완벽하게 분석하여 반영한 문제들

★ **다년간의 연구와 강의 경험을 자랑하는 집필진!**
실제 기출문제 집필진이 엄선한 적중률 높은 문제들

★ **실제 시험과 똑같은 구성의 모의고사 총 15회분!**
기본서 필요 없이 문제만 풀어도 중국어 원리가 이해되는 문제들

★ **1탄 시리즈 10만 부 판매의 집필진이 새로운 문제 흐름 반영!**
新HSK 모의고사 시리즈로 이미 검증된 집필진의 새로운 문제들